"运动即良药"系列

排 舞

主编
郑丹蘅

科学出版社
北京

内容简介

本书是在作者多年的排舞教学和推广实践经验基础上编写而成的。全书共分为六章，包括排舞运动概述、排舞运动健身指导、排舞的基础知识、初级排舞、中级排舞、高级排舞。

本书以终身体育为目标，在介绍排舞运动相关概念、分类、特点的基础上，结合排舞运动的动作指导及注意事项，使该书兼具理论性、科学性、实用性和时代性的特点。本书内容精炼、深入浅出、通俗易懂、图文并茂，适合广大体育运动和舞蹈爱好者、排舞锻炼者使用，也可供各级各类体育及艺术专业教师和学生参考借鉴。

图书在版编目（CIP）数据

排舞/郑丹蘅主编. —北京：科学出版社，2018.1
（运动即良药系列）
ISBN 978-7-03-054778-1

Ⅰ.①排⋯ Ⅱ.①郑⋯ Ⅲ.①体育舞蹈 Ⅳ.①G831.3

中国版本图书馆 CIP 数据核字（2017）第 247809 号

责任编辑：朱 灵
责任印制：谭宏宇／封面设计：殷 靓

科 学 出 版 社 出版
北京东黄城根北街 16 号
邮政编码：100717
http://www.sciencep.com

苏州越洋印刷有限公司印刷
科学出版社发行 各地新华书店经销

*

2018 年 1 月第 一 版　开本：B5（720×1000）
2018 年 1 月第一次印刷　印张：6
字数：96 000
定价：32.00 元
（如有印装质量问题，我社负责调换）

"运动即良药"系列编委会

主　编

陈佩杰

副主编

吴雪萍

编　委

（按姓氏笔画排序）

马古兰丹姆　王　茹　王　艳　王雪强　史芙英

庄　洁　刘　静　吴雪萍　张　洁　张忠新

张晓玲　陆莉萍　陈佩杰　郑丹蘅　黄　卫

韩耀刚　曹蓓娟　董众鸣　谭晓缨　黎涌明

《排舞》编写组

主　编

郑丹蘅

副主编

焦敬伟

加强体育锻炼,惠及健康生活

(代序)

进入21世纪以来,人们日益关注的健康问题已经上升为国家战略。2016年10月25日,中共中央、国务院发布了《"健康中国2030"规划纲要》(以下简称《纲要》),这是今后15年推进健康中国建设的行动纲领,要求把健康融入所有政策,全方位、全周期保障人民健康,大幅提高健康水平。在《纲要》中,共34次提到"体育"这一关键词,这是因为体育运动与健康有着息息相关的内在联系。

"生命在于运动",运动既是一门科学,也是一门艺术,更是一种健康的生活习惯,但并不是每一项运动都适合所有人,不同人群适宜的运动强度、运动时间也有所差异,不适宜的运动、运动不足或过度运动都有可能对健康造成损害。那么,究竟什么运动才适合自己?生了病也可以参加运动吗?

我们常说,"良药苦口利于病",但并不是所有的疾病都只能咽下这苦不堪言的"良药"才能治愈,也不是咽下这口苦药就能药到病除。其实科学的运动处方也是一剂"良药",而且还是一剂不用尝"苦"却具有显著效果的"良药"。那么,这"药方"该怎么开?我们自己能开吗?到底如何利用运动这剂"良药"来达到促进健康的目的呢?

要解决这些问题,当务之急是找到"合适的运动素材",具体来说有两点:一是所选的项目和运动器材适合自己的年龄段;二是所选的运动对防治自己年龄段常见疾病有针对性和防治效果。

目前市面上有关体育锻炼的书籍虽然不少,但真正能够提供"合适的锻炼素材"的书籍仍比较缺乏。上海体育学院拥有许多具有较高科研水平和丰富教学经

验的专家,他们均长期从事运动促进健康方面的研究,经验丰富,硕果累累。此次,学院专家们与科学出版社共同打造了这套"运动即良药"系列。

在编写过程中,我们不断摸索、调整,为青少年、中青年白领、老年人等不同人群分别设计运动方案,也介绍了羽毛球、游泳、广场舞等人们可普遍参与的专项运动;在努力形成统一风格以便读者阅读的同时,也尝试使用新的可视技术为读者提供更加直观的指导。

我们希望通过这套图书,能够更好地发挥运动的功能,为广大读者打开一扇通往健康生活的阳光之门。由于多种因素的制约,本套图书可能还存在有待改进之处,我们希望能够得到大家的鼓励和有益的评论,也欢迎广大读者实践后向我们反馈意见和建议,帮助我们把此项工作做得更好。

陈佩杰
2016 年 10 月

前　言

　　排舞是一项健康又富娱乐性的活动，它将舞蹈与音乐结合，并以艺术审美的方式进行娱乐和健身，是一项能使身心全面健康发展的健身运动，也是一门身体与心灵相融合的艺术。排舞融合了各种风格的舞蹈和音乐元素，并可以根据练习者的爱好进行自由创编、组合，且不断更新，因此在世界各地广为流行。2004年，排舞作为一项全民健身项目被引进我国，立刻在一些大中城市流行起来，成为人们娱乐、健身的项目。许多人在跳排舞的过程中感受到了快乐，越来越多的人希望通过跳排舞来娱乐身心，但目前可供人们参考的排舞资料非常少，为适应社会需求，落实创新文化建设，进一步实施全民健身计划，开展全民健身活动，使人们更科学地健身，从排舞运动中获得更大乐趣，着手编写了这本具有专业性、指导性的排舞书籍，方便人们进一步了解和学习排舞这项运动。

　　本书的编写遵循科学性、实用性、创新性的原则，旨在科学有效地引导大众参与体育运动、改善生活方式，从而促进全民健康水平的提高。

　　本书由上海体育学院体育休闲与艺术学院郑丹蘅担任主编，拟订编写提纲、制订全书体例，编写第二章、第四章、第五章与第六章内容，并负责全书的统稿、修改与审定工作；上海海洋大学人文学院焦敬伟担任副主编，编写第一章与第三章内容，收集汇总文献资料，整理编写思路，并负责全书照片的整理工作；

郑丹蘅、刘梦茹、李馨怡、张甜作为动作示范模特,拍摄相关排舞曲目的照片、视频。

由于编写人员水平有限,书中难免存在缺憾与不足,恳请广大读者批评指正!

主　编

目 录

丛书序
前　言

第一章　排舞运动概述 · 1

排舞的起源及发展 · 2

排舞与体育舞蹈的关系 · 4

第二章　排舞运动健身指导 · 7

适量运动与健康的关系 · 8

科学健身应把握"四要素" · 9
　　一、运动类型 · 9
　　二、运动强度 · 9
　　三、运动频率与时间 · 9
　　四、体力活动强度的判断方法 · 10

排舞运动的安全保障 · 10
　一、运动前的准备工作 · 11
　二、运动中出现的状况及处理方法 · 11
　三、运动后的科学调整 · 12

第三章　排舞的基础知识 · 13

排舞舞谱的介绍 · 14

排舞的概念 · 17

排舞的分类 · 19
　一、按照音乐旋律和舞蹈段落划分 · 19
　二、按照排舞在整支舞曲当中舞蹈段落重复时身体方向/面的变化划分 · 20
　三、按照排舞的风格特征划分 · 21
　四、拉丁风格的排舞 · 21
　五、非拉丁风格的排舞 · 22

排舞舞蹈的技巧 · 24
　一、身体姿态 · 24
　二、脚的位置 · 25
　三、舞蹈动作与身体平衡 · 25
　四、旋转技巧 · 26
　五、其他技巧 · 26

排舞的着装与礼仪 · 26
　一、排舞的着装 · 26
　二、排舞的礼仪 · 28

排舞的音乐特点 · 29

第四章　初级排舞（beginner line dance）· 31

Alfie（阿尔菲）· 32

一、基本信息·33

二、舞步动作描述·33

三、舞步动作图解·35

Amioh（阿梅欧）·37

一、基本信息·38

二、舞步动作描述·38

三、舞步动作图解·39

Dance Zone（舞蹈地带）·42

一、基本信息·43

二、舞步动作描述·43

三、舞步动作图解·44

Bicycle Waltz（车轮下的华尔兹）·47

一、基本信息·48

二、舞步动作描述·48

第五章　中级排舞（intermediate line dance）·51

Dancing Violins（小提琴之舞）·52

一、基本信息·54

二、舞步动作描述·55

三、舞步动作图解·57

La Cumbia（啦昆比亚）·63

一、基本信息·65

二、舞步动作描述·65

Baby Come On（加油宝贝）·67

一、基本信息·68

二、舞步动作描述·69

Irish Spirit（爱尔兰之魂）·70

一、基本信息·72

二、舞步动作描述·72

第六章　高级排舞（advanced line dance）· 75

Bomshel Stomp（来吧，大家跳起来）· 76

　　一、基本信息 · 77　　　　　　　　二、舞步动作描述 · 77

Rah-rah Ooh La La（嘎嘎女王）· 79

　　一、基本信息 · 81　　　　　　　　二、舞步动作描述 · 81

第一章
排舞运动概述

排舞的起源及发展

社交舞

排舞一词来源于英文"line dance",从字面上理解就是排成一排跳的舞蹈。现代排舞的出现始于20世纪初期,当时在美国较为流行的社交舞有方块舞和圆圈舞。由于这些舞蹈必须由男女相互结伴,按照方块或圆形的站位才能起舞,这在很大程度上限制了喜欢跳舞却没有舞伴的人群。当时美国的一些社交舞俱乐部的舞者们意识到了这一点,认为跳舞时也可以尝试单独跳或站成一排跳,这种不断的尝试便是排舞的最初萌芽形式。受此启发,当时美国西部乡村的一些民间舞俱乐部也相继派生出类似排舞风格的舞蹈形式,并将这种舞蹈形式在全国传播开来。此后,随着大量社交舞和民间舞被不断改变,最初的排舞形式被越来越多的人接受。特别是20世纪70年代,体育舞蹈从社交舞中脱颖而出,逐渐演变为一种艺术性高、技术性强,兼具表演性和竞技性的舞蹈。也正是这一时期,排舞大量借鉴了体育舞蹈的舞步动作和编排设计模式,形成了极具自我风格特点的动作设计模式和舞步编排规范,并开始自成一体,成为一种广受喜爱的舞蹈形式。

20世纪70年代起,随着多媒体音响技术的发明,音乐开始对现代排舞的出现和发展发挥巨大的作用。80年代,西部乡村音乐在美国的广泛流行,Jim Ferrazzano根据西部乡村舞曲编排了一支名叫 *Tush Push* 的排舞,是非常著名的排舞。这个排舞的音乐风格起源于40年代的大乐队风格,是第一个被知晓的有设计编排舞蹈动作的排舞,与那些在舞池中发展起来的舞蹈有所不同。由此,现代排舞真正诞生了。

20世纪90年代中期以后，排舞逐渐脱离乡村音乐的束缚，开始寻求大量其他风格和特点的舞蹈和音乐。随着时代的发展，排舞不仅局限于西部乡村风格的音乐，而是融合了多种音乐风格，如拉丁（Latin）、嘻哈（Hip-Pop）、节奏布鲁斯（R&B）、灵歌（Soul）、摇滚（Rock）等。排舞舞曲都是经过创编者精心挑选后专门创作的乐曲，大多数都是人们耳熟能详的流行音乐。目前，排舞已有3000多支曲目，每支舞蹈都有固定的舞曲名称，且

不同风格的排舞

有独一无二的舞码（固定舞步段落的节拍数），全世界练习者的舞步动作完全统一。排舞舞步也融合了如舞厅舞（Ballroom）、爵士舞（Jazz）、爱尔兰舞蹈（Irish）、放克（Funk）、街舞（Hip-hop）等多种舞蹈元素，在多种舞蹈元素的组合与变化之下，随着特定的循环节奏交替旋转起舞。

如今，排舞已发展为一种国际化的舞蹈，风靡世界，并成为任何国家、地区，不论男女老少都可以参与其中的一种自娱和表演的舞蹈。每年，都会有很多专业的创作者对各种曲目进行创作和动作的编排，并将这些创编的新舞步和曲目向全世界推广，由于不断有新的舞步和舞曲出现，使排舞运动始终具有新鲜感。

2004年，排舞作为一项健身、休闲项目被引入我国后，逐渐在一些大中城市开展起来，并受到人们的广泛喜爱。一些排舞协会、俱乐部和排舞培训机构像雨后春笋般在全国各地涌现，一些地方体育主管部门将排舞作为全民健身项目在本地区进行推广和普及，部分高等院校还将排舞纳入体育课教学和群体锻炼项目中。从2004年至今，北京、上海和广州等城市每年都在全民健身节和奥林匹克文化节活动期间进行排舞的展演和竞赛活动。参与排舞运动的人越来越多，排舞已经成为人们日常锻炼的主要健身项目之一，还被作为表演项目在2008年北京奥运会开幕式中进行演出。

国家体育总局对排舞项目更是

排舞展演

大力支持，将其列为全民健身运动推广项目之一。2007年11月中国还派出排舞代表团首次出访马来西亚参加国际排舞展演活动，实现了中国排舞运动与国际接轨。2008年，中华全国总工会将普及排舞运动列为重点工作，全国2亿多名产业职工参与到这项新的全民健身活动中；中央电视台体育频道也于2008年开始推广排舞运动。总之，排舞已经成为了我国未来潜力巨大的一项新兴全民健身项目。

然而，由于排舞运动在我国开展的时间还不长，目前主要集中在一些大中城市。在中小城镇和农村地区并不普及，人们对这项新兴休闲运动缺乏了解，参加排舞运动的人群主要集中在学生和社区中老年人中。对排舞的引进和融合，目前停留在以国外排舞舞蹈和音乐内容为主的水平上，自主创编的具有中国民族特色的舞蹈和音乐内容还不多，这些问题都需要在今后的普及和推广过程中逐步解决。

排舞与体育舞蹈的关系

社交舞是体育舞蹈的早期雏形，而排舞最初是从社交舞中萌芽产生的，在后来的发展过程中又大量借鉴了体育舞蹈的动作编排、设计模式和舞步规范，最终形成了现代意义上的排舞。因此，了解排舞就不能不提到体育舞蹈。

体育舞蹈又称国际标准交谊舞（简称"国标舞"），包括拉丁舞、摩登舞两大舞种。拉丁舞最早起源于古巴热情奔放的舞蹈，之后演变出伦巴、恰恰、桑巴、牛仔和斗牛舞。摩登舞最早起源于西方的宫廷舞蹈，之后演变出华尔兹、狐步舞、快步舞、维也纳华尔兹、探戈。

1910年，当时的英国皇家舞蹈教师协会汇集了英国和欧美其他国家的舞蹈专家，在广泛研究传统宫廷舞、交谊舞及拉美国家各种民间舞的基础上，对当时社交舞的舞种、舞步、舞姿等进行规范整理和美化加工，使之严谨规范、舞姿挺拔潇洒；1924年又将5种舞蹈的舞步、舞姿和跳法进一步系统化、规范化，并公布于众。从此，人们将规范化的华尔兹、维也纳华尔兹、探戈、狐步舞、快步舞称为国际标准交谊舞。1950年，在英国黑池，世界舞蹈协会举办了世界性

国际标准交谊舞

的大赛，即黑池舞蹈节。此后，每年5月都会在黑池舞蹈节上举办世界性的大赛（黑池舞蹈节是国际标准舞活动之首）。随着黑池舞蹈比赛的影响力在世界范围内的不断提高，国标舞自身也逐步发展壮大。1960年，经英国皇家舞蹈教师协会对非洲和拉丁美洲一些国家的民间舞进行规范、整理和加工后，又增加了5项拉丁舞的比赛内容，并将它们纳入国标舞的范畴，列入正式比赛项目。至此，国标舞发展成为拉丁舞系列和摩登舞系列两大类共10种舞种的舞蹈项目。

国标舞的诞生，改变了社交舞的自娱性质，演变为一种艺术性高、技术性强，兼具表演性和竞技性的舞蹈，受到社会的广泛关注，它的典雅风格、优美舞姿是其他舞蹈无法比拟的。因此，国标舞在世界各地很快便普及开来，并且在国际舞坛掀起了半个世纪的国标舞热潮。由于它兼具文化娱乐和体育竞技的双重内涵，很多国家将其纳入体育竞技的范畴，并正式称其为体育舞蹈。

从体育舞蹈的产生和发展来看，可以说排舞是因为体育舞蹈的产生而萌芽，又伴随着体育舞蹈的发展而发展，特别是从编排设计动作和规范舞步这一角度来看，排舞是源于体育舞蹈的，然而排舞又高于体育舞蹈。首先，排舞融入了体育舞蹈以外的许多其他风格和特征的舞蹈及音乐元素；其次，排舞摆脱了舞伴的束缚，既可单独跳，也可以两人跳或者许多人站成一排跳；再次，每一支排舞舞曲的舞步动作要求全世界统一，但对身体及手臂的动作并无统一要求，可以根据个人喜好自编动作。与体育舞蹈相比，排舞运动还有一大特点，那就是跳排舞时不像体育舞蹈对舞者的身体姿态有较高要求（拉丁舞对胸、腰、髋的摆动、转动以及提升动作要求较高）。跳排舞时你可以只走步子，也可以带一些手臂动作，等你完全掌握了舞步及方向变化之后，你还可以将胸、腰、髋摆动起来。因此，可以说排舞运动在健身性、娱乐性、观赏性、趣味性等方面，都是便于推广和普及的。

第二章
排舞运动健身指导

适量运动与健康的关系

随着全球经济和科技的不断发展,人们的生活方式逐渐向静态化转变,各种文明病随之而来。世界卫生组织的数据显示,全球至少有31%的人没有积极参加体育锻炼,缺乏体力活动已成为全球第四大死亡风险因素。据估算,目前每年全球因缺乏体力活动而致死的人数高达320万人。《"健康中国2020"战略研究报告》显示,我国18岁以上居民有83.8%从不参加锻炼,"缺少运动已成为21世纪最大的公共卫生问题"。

我们都知道"生命在于运动"的道理,目前国际上也正在推行"运动是良药"的口号。专家们证实了,运动能显著提高心肺耐力,能有效预防冠心病;运动还可以减少体内脂肪,提高机体免疫功能和改善心理状态,可以有效缓解轻度抑郁症。那么,什么样的运动是科学的,是有益于人体健康的?专家们提出,"适量运动有益于健康"。

科学健身应把握"四要素"

一、运动类型

专家们推荐"有氧运动",有氧运动是指人体在氧气充分供应的情况下进行的体育运动,即在运动过程中,人体吸入的氧气与需求相等,达到生理上的平衡状态。简单来说,有氧运动是指任何富有韵律性的运动,运动强度在中等或中等以上的程度,运动时人体的心率为最大心率的75%～80%,一般保持在150次/分钟以内,血液可以供给心肌足够的氧气。

二、运动强度

专家建议,中等强度的有氧运动对人体健康比较有益。中等强度运动,即需要中等程度的努力,运动中可明显感到心率加快。自我评价的简易方法是以心率和主观疲劳感为标准,即心率要达到最大心率的60%～80%,主观感觉稍疲劳,10分钟后可以恢复的运动状态。专业研究表明,中等强度的运动一般在3～6代谢当量(代谢当量是表示体力活动强度的指标,1代谢当量为一个人静坐时的能量消耗,相当于消耗1千卡/小时)。

三、运动频率与时间

专家建议,一般人应该每周至少要保证150分钟中等强度的有氧运动,可以连续不断地完成,也可以分段完成。一般主张每周至少三次,如果条件允许每周最好锻炼五天,一天至少保证30分钟有氧运动。对于慢性疾病患者,在医生的指导下，运动时间可从每周 150 分钟逐渐增加到 300 分钟。

四、体力活动强度的判断方法

1. 自我主观疲劳感评价法

在进行体力活动时，能与周围的人进行正常交流，主观感觉疲劳较轻，则属于低强度体力活动；如果运动中仍能与周围的人进行交流，但主观感觉疲劳增加，则属于中强度体力活动；如果运动中只能断断续续的与周围的人进行交流，主观感觉疲劳较重，则属于高强度体力活动。

2. 心率法

低强度体力活动，运动者的心率一般小于本人最大心率的 50%；中强度体力活动，运动者的心率一般应达到本人最大心率的 60%～80%；高强度体力活动，运动者的心率一般应达到本人最大心率的 70%～85%。

最大心率的计算公式如下：

$$最大心率（次/分）= 220 - 年龄（岁）$$

例如：一位 50 岁的健康人，他的最大心率是 220-50=170，有氧运动达到中等强度的最低目标心率为 170×60%，即运动时要达到每分钟 102 次。最高目标心率为 170×80%，即运动时最高心率限制在每分钟 136 次。

排舞运动的安全保障

在参与排舞运动之前要做好各项准备工作，以确保运动的安全性。

一、运动前的准备工作

1. 做好心理准备

调节身心，调整呼吸，放松心情。排舞运动的目的是通过运动锻炼来增强体质、增进健康，尤其是中老年排舞爱好者要特别注意，避免运动前过度紧张、亢奋，要以一个平常心对待健身锻炼。

2. 选择适宜的运动环境

排舞运动需要选择安静整洁、空气清新、地面较为平整，但不能打滑的场地。有条件的情况下，尽量选择室内场馆，如果在室外运动，音响声音不宜过大，避免干扰他人工作与生活。

3. 选择合适的运动着装

面料以棉加莱卡为宜，最好具备吸汗、透气的特性。袜子的选择主要应以柔软、吸汗、轻盈的棉质袜子为主。鞋的选择应注意鞋底的柔软性及弹性，鞋底要有一定厚度，鞋底材质最好为橡胶底，以免在练习过程中打滑。

4. 运动前的热身

热身运动是运动前准备工作的重要环节。通过热身运动能够使我们人体体温逐渐升高，增加血液循环，充分调动肌肉及骨骼的灵活性，有效降低运动中肌肉、韧带拉伤或扭伤的概率。排舞运动的热身可以选择音乐速度较为舒缓的舞蹈曲目，运动时可以保持舞步缓慢、幅度较小，配合自然轻松的呼吸。热身运动应选择较为柔和、轻松舒缓的动作，一般热身时间以 5 ~ 10 分钟为宜。

二、运动中出现的状况及处理方法

1. 肌肉疼痛

运动中由于人体肌肉所产生的乳酸堆积，使得运动后肌肉产生疼痛感，属于正常现象。要想缓解肌肉的疼痛感，必须注意每次运动结束后做肌肉放松运动。排舞运动的动作主要以脚步动作为主，因此，应该加强腿部肌肉的放松，同时配合一些上肢的放松整理运动。

2. 头晕、头痛

跳一些音乐节奏较快、舞步动作幅度较大的排舞曲目时，血压异常的练习者可能会出现头晕、头痛的感觉。这是因为，血压异常的人在参与剧烈运动时容易造成血液中氧气含量过低，这时就会出现大脑供氧不足的情况。建议这部分排舞参与者在出现此类身体反应时应及时调整运动强度，做呼吸调整运动，注意不能立刻暂停运动进行仰卧休息。

3. 肌肉拉伤

肌肉拉伤在排舞运动中较为常见。一方面，因为热身运动不够充分，肌肉的弹性和韧性较差，使肌肉的伸展性下降，造成肌肉协调性降低，容易出现肌肉拉伤的情况；另一方面，因为在练习时注意力不集中，出现错误动作，或者场地情况较差，都容易造成肌肉损伤。出现肌肉拉伤后应立即进行冷敷处理，然后进行加压包扎或用一些快速缓解的外用药，如云南白药气雾剂等。处理完受伤部位后尽量使肌肉保持松弛的状态进行位置固定休息。可以在受伤 24 小时之后进行按摩或者是理疗治疗等，但是尽量让受伤部位固定休息，使肌肉拉伤情况尽快恢复正常。

三、运动后的科学调整

在排舞运动后要尽量进行积极的整理、放松运动。一方面，促使我们的肌肉得到快速有效的恢复；另一方面，可以使心脏慢慢恢复到正常搏动水平，这样可以更好地保护心脏。一般整理运动主要包括一些肌肉、韧带拉伸的静力性牵拉练习，还可以是肌肉、关节的放松伸展运动。这些放松、整理运动既可以促进肌肉乳酸快速代谢，以缓解肌肉和关节的酸痛感觉，促使肌肉疲劳的有效恢复，也可以促进肌肉疲劳的恢复，减少再次运动时因为肌肉没有恢复而造成相应的损伤。一般肌肉放松、拉伸的整理运动包括：揉捏、抖动、敲打，一些大肌肉群可以采取叩打的放松动作。

第三章
排舞的基础知识

排舞舞谱的介绍

排舞是国际化的舞蹈，所有的舞步都要经过国际排舞协会认证，每一支经过认证的排舞都有统一的舞步动作，然后向全世界进行推广。同一支排舞在全世界的跳法是一样的，若教练随意更改舞步，则会使学员无法和其他国家或地区的排舞爱好者进行交流。也正因为如此，排舞的教学一般是在初学者掌握了排舞的基本舞步动作后，再按照每一支排舞的规定内容进行舞蹈动作的教学。在排舞的教学之前，要先介绍和解读排舞舞蹈的舞谱。一般来说，排舞舞谱包括以下几点：

（1）舞蹈名称。
（2）创编者姓名。
（3）舞蹈段落的节拍数。
（4）舞蹈的变换方向/面（Wall）：变换两个方向或四个方向。
（5）舞蹈的难度级别：低、中、高。
（6）舞蹈所选用舞曲的出处。
（7）每一个8拍的舞步名称。
（8）舞步动作的具体说明：如果舞蹈中需要有间奏或中断，也会在舞谱中标示出来。

下面将举例来对排舞舞谱进行详细解读：

舞蹈地带（Dance Zone）

舞谱原文：

Dance Zone

Choreographed: Vivienne Scott

Description:2 count, 4 wall, beginner line dance

Music: Despre Tine by O-Zone [Discozone]

Getaway by Collin Amey

Sweet Nothings by The Deans [134 bpm / CD: Almost Live / CD: Sweet Nothings]

For "Despre Tine" by O-Zone: Start 68 counts in on the lyrics, you will hear the music change at 64 counts, 4 counts before you start

WALK FORWARD X3, TOUCH SIDE LEFT, WALK BACK X3, TOUCH SIDE RIGHT

1-2 Walk forward, right, left

3-4 Walk forward right, touch left toe to left side

5-6 Step back left, right

7-8 Step back left, touch right toe to right side

Option:

5-6 Step back left turning ½ turn left, step forward right turning ½ turn left

STOMP FORWARD, HOLD, SHUFFLE FORWARD, STOMP FORWARD, HOLD, SHUFFLE FORWARD

9-10 Stomp right forward making ¼ turn right to 3:00 wall, hold (attitude move)

11&12 Turn ¼ turn left to 12:00 wall, shuffle forward, left, right, left

13-14 Stomp right forward making ¼ turn right to 3:00 wall, hold (attitude move)

15&16 Turn ¼ turn left to 12:00 wall, shuffle forward, left, right, left

¼ PIVOT LEFT TWICE, SHUFFLE FORWARD, ROCK FORWARD

17-18 Step forward on right, pivot turn ¼ left (option: roll your hips on the turn or clap)

19-20 Step forward on right, pivot turn ¼ left (option: roll your hips on the turn or clap)

21&22 Shuffle forward right, right, left, right

23-24 Rock forward on left, recover on right

SHUFFLE BACK, ROCK BACK, CROSS ¼ TURN RIGHT, STEP BACK, SWAYS

25&26 Shuffle back, left, right, left

27-28 Rock back on right, recover on left

29-30 Cross right over left making ¼ turn right, step left back

31-32 Step right to right side swaying hips right, sway hips left (weight on left)

REPEAT

Alternative for counts 23-26

23-24 Step forward on left, pivot ½ turn right,

25&26 Shuffle ½ turn right, left, right, left

舞谱解读：

舞蹈 *Dance-Zone* 的作者为 Vivienne Scott，舞步段落的节拍数为 32 拍，变化的方向是 4 个方向，音乐选用了 *Getaway*（作者：Collin Amey）和 *Sweet Nothings*（作者：The Deans），舞蹈的难度级别为初级。

舞步动作描述

第一个 8 拍重点舞步

1～2 拍：右脚、左脚前进走步。

3～4 拍：右脚前进走步，左脚脚尖侧点。

5～6 拍：动作同 1～2 拍，方向相反。

7～8 拍：动作同 3～4 拍，方向相反。

可选择：5～6 拍后退时完成转体 360°的变化。

第二个 8 拍重点舞步

9～10 拍：右转 90°，同时右脚上前踩脚（正对 3 点钟方向），身体姿态保持住停顿 1 拍。

11～12 拍：左转 90°，同时左脚上前锁步（左、右、左正对 12 点钟方向）。

13～14 拍：动作同 9～10 拍。

15～16 拍：动作同 11～12 拍。

第三个 8 拍重点舞步

17～18 拍：右脚上前，左转 90°同时配合髋步绕环动作。

19～20 拍：动作同 17～18 拍。

21～22 拍：右脚上前锁步（右、左、右）。

23～24 拍：左脚上前，重心还原右脚。

第四个 8 拍重点舞步

25～26 拍：动作同 21～22 拍，方向相反。

27～28 拍：动作同 23～24 拍，方向相反。

29～30 拍：右脚交叉于左脚前同时右转 90°，左脚后退。

31～32 拍：右脚侧点同时髋部向右摇摆，髋部向左摇摆重心还原左脚。

可选择：在 23 ~ 26 拍时完成转体 360°的变化。

舞步重复

23 ~ 26 拍可变化：23 ~ 24 拍左脚上步，右转 180°；25 ~ 26 拍右转 180°完成后退锁步（左、右、左）。

排舞的概念

要真正给排舞下一个确切的定义并不是一件容易的事情，虽然从字面上理解排舞就是排成一排跳的舞蹈，但这样的解释显然过于简单，因为许多民间舞都有排成一排跳的舞蹈形式，如美洲印第安人的舞蹈、太平洋沿岸岛民的草裙舞和欧洲英国的莫里斯舞。与民间舞相比，排舞更强调对舞蹈动作的设计和舞步的规范，而民间舞的舞步是在一个个世纪中慢慢形成的，并不强调对舞蹈动作的设计和舞步的规范，即使民间舞很明显是排舞的起源之一，可排舞却不被认为是民间舞的一种。就像前面所介绍的一样，排舞有的时候也被叫做"西部乡村舞蹈"，事实上乡村舞蹈是一种兴起于中世纪英国的民间舞蹈模式的名字，后来在美国西部渐渐兴起。虽然"乡村舞蹈"和排舞一样也包含有重复的舞步动作，但排舞更着重强调的是一系列完全相同的重复的舞步动作组合，并对这一系列重复舞步动作组合的设计和规范。排舞的舞蹈动作设计和规范是很重要的，这也是用来与其他排成排跳的大众舞蹈区分的重要一点。

因此，笔者尝试着把排舞定义为：排舞是一种在音乐伴奏下，由一系列具有规范的舞蹈动作设计模式的重复的舞蹈动作组合组成的一种舞蹈形式。事实上，这样的定义也不能完全概括排舞的内容，还应该包含以下四个基本点。

（1）跳舞时，可以运用任何风格类型的音乐进行起舞的一种个人或集体舞蹈形式。

（2）跳舞时，任何风格类型的舞蹈，舞者们都应该以直线（排）站位的形式进行起舞。

（3）跳舞时，舞者们在同一时间面对同一个方向，按照每支舞蹈规定的舞步段落、变化的顺序、重复的次数进行跳舞。这里要着重强调一下"舞步段落"的概念，这里所说的"舞步段落"在每支排舞中都是固定的，并且必须是经由创编者根据选定的舞曲，依据音乐风格将选用的舞步动作进行组合、变化，从而创编出一段固定的舞步段落，一般情况下舞步段落的节拍数有24（拍）、32（拍）、48（拍）、64（拍）等。同时，这一被创作好的"舞步段落"必须是被国际排舞协会已经认可，并且已经公布在相应的网站上，而不是任何人随意编排的一段舞步动作。

（4）通常情况下每一支排舞都从以下三方面来界定和表述：

1）舞步段落的节拍数 (Count)：是每一支排舞规定的舞步段落的节拍数。节拍数通常是 8 或 16 的倍数。例如，16、24、32、40、48、64、96 等。一般情况下排舞舞步的节拍数越高，舞步动作就越多，越难记忆，因而舞蹈的难度级别就越高。

2）变化的方向 / 面（Wall）：在排舞中，按照规定的舞步段落及变化顺序进行跳舞时总要遇到转体或部分转体，那么方向 / 面（Wall）的数字，1 Wall、2 Wall、4 Wall 可以告诉我们，这支舞蹈需要在几个方向 / 面（Wall）上来循环重复规定的舞步段落。

3）难度级别（Level of difficulty）：通常情况下有三种难度级别。

• 初级（Beginner），舞步动作及变化较为简单，动作较易学习。

• 中级（Intermediate），舞步动作较初级难一些，但并不包含较为复杂的舞步，有时甚至是音乐速度较初级更快一些。

• 高级（Advanced），舞步段落中包含一些复杂的舞步动作，并且音乐速度更快。

下面举例进行简要阐述：

例 1：排舞 *Bicycle Waltz* 的作者是 Peter Heath，舞蹈音乐选自 Ronan Hardiman 专集的 *Les Bicyclettes De Belsize* 曲目。这支舞蹈，舞步段落 48（拍），在 2 个方向上重复舞步段落，直至舞曲结束，属于中等难度级别的排舞。

例 2：排舞 *Dancing Violins* 的作者是 Maggie Gallagher，舞蹈音乐选自

Ronan Hardiman 的专集的 *Duelling Violins* 曲目。这支舞蹈属于分段型舞蹈，由 A、B 两个段落组成。A 段的节拍数为 48（拍）、B 段的节拍数为 56（拍）。整支舞由 "AA，BB，AAA" 段落组成，属于较高难度级别的排舞。

排舞的分类

按照音乐旋律和舞蹈段落划分，排舞可分为四种类型，即常规型排舞、分段型排舞、组合型排舞、表演型排舞。按照排舞在整支舞曲当中舞蹈段落重复时身体方向/面的变化划分，排舞又可分为三种类型，即没有方向/面的变化、有两个方向/面的变化、有四个方向/面的变化。按照排舞的风格特征，排舞又可分为两种类型，即拉丁风格和非拉丁风格。

一、按照音乐旋律和舞蹈段落划分

1. 常规型排舞

这种类型的排舞有固定的舞步段落，并跟随音乐从开始到结束反复重复这一固定的舞步段落，这种类型的排舞无论是从舞步动作的难易程度还是从舞蹈的变化方向上都较为简单，因此多数属于较为初级的排舞。

2. 分段型排舞

这一类型排舞的特点是在两段舞步当中加入间舞 (tag) 舞步，或者是某一段落的舞步还未跳完，就接着又从头开始，这称为中断 (short wall)。通常，与常规型排舞相比，这一类型的排舞在学习时较难记忆，因此属于较为中等难度级别的排舞。

3. 组合型排舞

这种类型的排舞，并不按照一定的规律进行循环，有些段落进行重复，有些段落并不一定进行重复，而是完全进行创新。虽然称它们为 A-B-C 排舞，但并不代表这种排舞只有 A、B、C 三个舞步段落组成，也可以有 D、E、F 等其他段落。而创作者划分出的这些段落主要是源自于他们对不同舞曲旋律的诠释，或许有些创作者还可以将这些段落称为"X、Y、Z"等。一般情况下，这一类型属于较高难度级别的排舞。

4. 表演型排舞

这种类型的排舞，舞步组合较为复杂，适用于表演，属于最高难度级别的排舞。

二、按照排舞在整支舞曲当中舞蹈段落重复时身体方向/面的变化划分

1. 没有方向/面的变化

这一类型的排舞在整个舞蹈段落当中，无论舞步动作的方向怎样变化，到段落结束乃至整个舞曲结束时应该保持段落开始时的方向/面。

2. 有两个方向/面的变化

这一类型的排舞在段落与段落之间有一次方向/面的变化，通常情况下，方向/面的变化是相反方向。

3. 有四个方向/面的变化

这一类型的排舞每重复一次舞蹈段落，都在一个新的方向/面上开始。

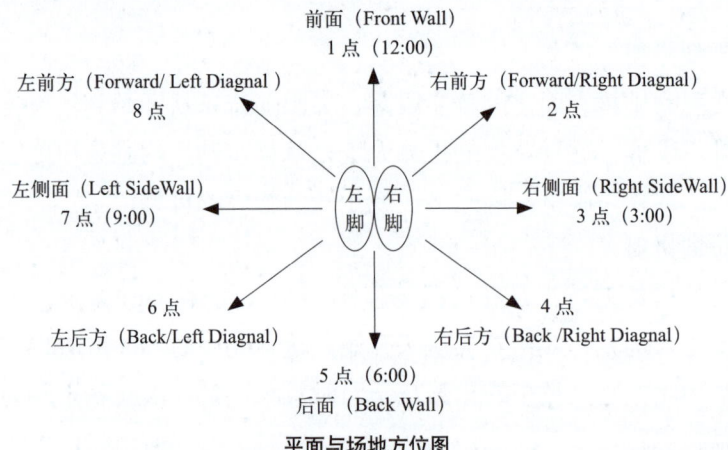

平面与场地方位图

在通常情况下，这三种类型排舞的身体方向变化都非常规律。我们以上图中排舞的平面与场地方位图为例详细说明，在"没有方向/面的变化"类型中，舞蹈开始时身体面向"1点"，到段落结束乃至整个舞曲结束时身体仍面向"1点"。在"有两个方向/面的变化"类型中，舞蹈段落开始时面向"1点"，段落结束时面向相反方向"5点"。在"有四个方向/面的变化"类型中，每重复一次段落，都在一个新的方向（面）上开始。一般在"1点、3点、5点、7点"上进行变化，方向变化顺序可以按照顺时针方向"1点、3点、5点、7点"，也可以按照逆时针方向"1点、7点、5点、3点"的顺序进行变化。

三、按照排舞的风格特征划分

排舞最早是用吉他和拍手的方式进行伴奏的，随着时代的发展，后来融入了欧洲宫廷舞和拉丁式的舞步，舞蹈风格逐渐多元化。发展到今天，排舞的舞步吸取了拉丁舞、舞厅舞、爵士舞、爱尔兰舞蹈、街舞等多种舞蹈元素，在多种舞蹈元素组合与变化之下，形成了今天这样一个舞蹈风格多样化的排舞。归纳起来，排舞的风格包括拉丁和非拉丁两种风格类型。其中拉丁风格的排舞常见的有恰恰（Cha Cha）、伦巴（Rumba）、桑巴（Samba）等风格，其他还有曼波（Mambo）、萨尔萨舞（Salsa）等；非拉丁风格排舞常见的有摇摆风格（Swing）、传统风格（Traditional）、多种美洲风格（Miscellaneous American），其他还有查理斯敦（Charleston）、爵士风格、布基乌基（Boogie Woogie）、巴萨诺瓦舞（Bossa Nova）、弗拉门戈（Flamenco）、探戈（Tango）、斗牛舞（Paso Doble）等。下面分别对拉丁和非拉丁这两种风格类型中较为常见的舞蹈进行详细阐述。

四、拉丁风格的排舞

1. 恰恰风格

是拉丁风格中最为常见的一种，一般节拍速度保持在慢—中慢这一速度区间，音乐节拍在每分钟 104～118（拍），最常见的基本舞步动作有摇摆步（Rock Step）、恰恰步（Cha Chacha）。恰恰风格的排舞又包括两种：

（1）拉丁恰恰：一般恰恰步在舞步节拍中的 4、5 拍和 8、1 拍上，因此，完整的节拍呼数为 1, 2, 3, 4&5, 6, 7, 8&1, 2, 3, 4&5, 6, 7, 8&1……，节奏是 S, S, S, Q-Q, S, S, S, Q-Q……。

（2）乡村恰恰：一般恰恰步在舞步节拍中的 3、4 拍和 7、8 拍上，因此，完整的节拍呼数为 1, 2, 3&4, 5, 6, 7&8, 1, 2, 3, 4&5, 6, 7&8……。

2. 伦巴风格

一般节拍速度较慢，音乐节拍在每分钟 108 ～ 120（拍）之间，完整的节拍呼数为"1, hold2, 3, 4…或…1, 2, 3hold, 4"（"hold"代表"sway"，也就是在迈步前先要出髋），常见的基本舞步有伦巴盒步（Rumba Box）、水手步（Sailor Step）等。

3. 桑巴风格

一般节拍速度为中等偏快，音乐节拍在每分钟 128 ～ 154（拍），完整的节拍呼数为"&1, 2&3, 4"或"1&2, 3&4"，还可以是"&1&2&3&4"，在排舞中几乎任何类型的音乐都适用于"桑巴"风格的舞蹈，常见的基本舞步有桑巴步（Samba Step）、交叉步（Cross Step）等。

4. 曼波风格

一般节拍速度为中等速度，音乐节拍在每分钟 120 ～ 140（拍），完整的节拍呼数为"1&2, 3&4…"，在拉丁舞和舞厅舞中的节拍呼数为"1, 2&3, 4&5, 6&7, 8&1"，常见的基本舞步有曼波步（Mambo Step）、任何方向变化的摇摆步等。

五、非拉丁风格的排舞

1. 摇摆风格

这一风格的排舞又包括以下两种。

（1）东部海岸摇摆风格：一般节拍速度较快，保持在中等—中等偏快这一速度区间，音乐节拍在每分钟 140 ～ 154（拍），完整的节拍呼数为 1, 2, 3&4, 5, 6, 7&8，最常见的基本舞步动作有后退（Back）、摇摆步（Rock）和索步（Triple Step）。

（2）西部海岸摇摆风格：一般节拍速度较慢，保持在慢速—中等速度这一区间，音乐节拍在每分钟 114 ～ 128（拍），音乐节奏有一个非常明显的重拍或间拍，完整的节拍呼数为 1, 2, 3&4, 5&6，或者是 1, 2, 3&4, 5, 6, 7&8，最常见的基本舞步动作有踏点步（Touch）、走步和索步。这里要强调一下，在西海岸风格中的走步一般只是向前或向后的方向。

2. 传统风格

这一风格的排舞又包括以下三种。

（1）波尔卡风格：一般节拍速度保持在中等速度这一区间，音乐节拍在每分钟 114～128（拍），较为明显的音乐节奏为 Q-Q-S，Q-Q-S，节拍呼数为 1&2，3&4，常见的基本动作有波浪步（Weave）、踏车步（Coaster Step）和跳步（Jump）。

（2）华尔兹风格：由于华尔兹舞蹈的音乐是 3/4 拍，所以节拍呼数为 1, 2, 3；4, 5, 6 或 1, 2, 3；4, 5, 6…一般节拍速度较慢，音乐节拍在每分钟 90～110（拍），最常见的基本舞步动作有华尔兹基本步（Basic waltz）和华尔兹盒步（Waltz Box）。在排舞中，华尔兹风格的舞蹈不完全运用华尔兹风格的音乐，有些舞蹈选用的舞曲音乐节奏并不明显，甚至完全没有节奏，而是需要舞者根据音乐旋律来把握舞蹈节奏。

（3）爱尔兰风格：在排舞中，这一风格的舞蹈最为典型的特征是，跳舞时手臂垂直放于体侧，舞曲大多选用节奏较为鲜明的非常轻松、欢快型的舞曲音乐。一般节拍速度较快，保持在中等—中等偏快这一速度区间，音乐节拍在每分钟 140～154（拍），完整的节拍呼数为"1, 2, 3, 4, 5, 6, 7, 8"或"1&2&3&4, 5&6&7&8"，最常见的基本舞步动作有点踏步（Strut）、拖步（Slide）。

3. 美洲风格

这一风格的排舞又包括以下三种。

（1）两步风格：这一风格的排舞又被称为德克萨斯两步（Texas Two Step）或乡村两步（Country Step），节奏为 Q-Q-S, S, Q-Q-S, S.，完整的节拍呼数为"1, 2, 3 , hold, 5…1, 2, 3 , hold, 5…"一般"hold"在"4、6"拍上，节拍速度较快，音乐节拍在每分钟 160～190（拍），常见的基本舞步动作有行进步、交叉步等。

（2）街舞：街舞动作中非常重视身体与舞步的节奏变化，同时强调动作的韵律感与爆发力。街舞的上肢动作不被过分强调，但要求全身尽量放松，时刻将双膝保持在弯曲缓冲状态，街舞的独特魅力在于其自由的风格和脚步动作的迅速多变。街舞的音乐特征除了较强的低音效果以外，更以切分音大量使用为标志，多数动作在弱拍完成。一般节拍速度较慢，音乐节拍在每分钟96～110（拍），常见的基本舞步动作有踢、转体、走步、手臂滚动等。

（3）舞厅及夜总会风格：一般节拍速度较慢，音乐节拍在每分钟70～90（拍），较为明显的音乐节奏为S, Q-Q-S, Q-Q-S…，完整的节拍呼数为1, 2&3, 4&5, 6&7, 8&1，这一风格排舞的特点是通常在音乐的重拍上要完成摇摆动作。常见的基本舞步动作有后退步、摇摆步、索步等。

排舞舞蹈的技巧

舞蹈的风格是由身体各部分的动作、姿态和平衡感表达出来的，舞蹈的技巧是将好的方法运用在舞蹈上，所以好的舞蹈技巧能形成好的舞蹈风格。不同音乐风格的排舞有着不同类型的舞步动作，排舞的舞蹈技巧主要表现在身体姿态、脚的位置、舞蹈动作与身体平衡、旋转技巧以及其他的一些技巧。

一、身体姿态

（1）跳舞时保持良好的身体姿态才能展现出健康优美的舞蹈动作及舞蹈风格，身体移动时要掌握好方位和身体的协调性，包括正确的肩膀、手臂、胸部、腰部、腿和脚的位置。

（2）跳舞时身体要保持在中心点（身体中心点是指身体重量的中心位置，在胸与腰之间），身体的重心可以在两脚之间转换。此外，头的位置也是保持身体平衡和垂直的主要因素。

（3）不良的身体姿态导致身体无法平衡，如没有收腹挺胸、低头、肩膀下垂、身体前倾或后仰等。

二、脚的位置

（1）脚的合适的站立角度有助于保持身体平衡和良好的身体姿态。垂直站立时，脚跟要靠拢，脚尖的方向通常不是指向正前方，而是向斜前方稍微打开以维持身体平衡。

（2）正确的脚位能使身体肌肉协调运动，保持良好身体平衡和优美的舞蹈姿势。

三、舞蹈动作与身体平衡

保持身体平衡是舞蹈的基础，维持良好的平衡感才有流畅的舞步和优美的舞蹈动作。身体平衡需要通过以下舞蹈动作实现：

（1）身体的中心位置保持在承受重量的脚上。
（2）注意脚跟到脚掌之间的过渡支撑。
（3）根据需要，保持膝关节的适当弯曲。
（4）适时配合手臂来平衡，但不可有过多的手臂动作。
（5）必须随着身体某一部位的改变，对其他部位做出相应的调整，以保持身体平衡；重心不稳、身体不平衡将很难保持良好的身体姿态。

跳舞时，需要有手臂的动作来配合舞步的完成。排舞没有太多手臂动作的要求和规范，这与芭蕾、爵士不同，过多的手臂动作就会失去舞步的特色。一些人在跳排舞时，就像跳爵士舞一样过多地使用手臂、头和身体动作，这样跳舞只是娱乐性的跳法，而作为专业的排舞来说，跳舞时手臂的位置最好是自然地垂于体侧以帮助身体保持平衡。另外，一些排舞由于舞蹈风格的需要，可将手臂举起或摆臂以便转动身体，但不必使用过多的手臂动作。还有一些爱尔兰风格的排舞，在舞蹈过程中，手臂作为身体的一部分，为了避免在身体两侧不自然地摆动，一些舞者会比较巧妙地将手放在背后或保持手臂适当弯曲放松，前臂平行于地面水平端放。

四、旋转技巧

（1）预备：将身体立直，接着让肩膀及手臂朝要转圈的反方向引带。
（2）注视：在旋转前先要确定转圈后要到达的方向，再移动身体，最后快速转头。
（3）旋转力：旋转来自头、肩、手、腰的配合，产生力量。
（4）结束：完成转圈后要保持身体处于平衡垂直的位置。

五、其他技巧

（1）优美的舞蹈动作包括身体肌肉的整体协调，也就是身体肌肉的适度放松与紧张。
（2）跳舞时要始终保持收腹的身体姿态，同时也要保持均匀的呼吸。
（3）有些舞蹈动作的力度有助于舞蹈风格的形成以及对身体更好的控制。例如，爱尔兰（踢踏舞）风格以及 Hip-Hop 风格的舞蹈非常强调腿部、脚步的动作力度。

排舞的着装与礼仪

一、排舞的着装

排舞不同于体育舞蹈那样，受到早期宫廷舞蹈礼仪和社交舞蹈礼仪的影响，对着装的选择具有相对严格的规定和讲究，从排舞的起源和发展历程中可以发现，排舞是源自民间、发展于民间的一种舞蹈种类。发展到今天，排舞已经成为适合各年龄、层次人群参与的一项大众休闲健身活动，排舞的着装已经更多地与大家所追求的时尚、休闲、健身、娱乐的生活理念相融合，选择范围宽泛，包容性强。在欧美一些国家，早期的排舞爱好者们一般都穿社交场合常穿的服装跳舞，服装风格追随社交舞的风格样式；20世纪70年代，随着美国西部乡村音乐的盛行，出于对西部牛仔的崇尚，人们普遍都穿着格子衬衫或T恤衫、牛仔裤、牛仔靴跳排舞。每一个发展时期，排舞服装都会有与当时的排舞舞蹈与音乐相一致的风格样式。现今，伴随着排舞舞蹈风格、舞步动作、音乐元素等方面不断的融合和创新，舞者们的着装选择也越来越多样化。在当今欧美一些国家，仍然有一小部分老年排舞爱好者们习惯穿着格子衬衫或T恤衫、牛仔裤、牛仔靴来跳排舞，但是绝大多数排舞爱好者们则更多地追求一种放松、休闲的感受，在着装方面更多选择较为休闲、随意的生活装，许多年轻的排舞爱好者们则会紧跟时代的潮流去选择他们认为比较时尚的着装。

排舞的着装可以根据个人喜好来选择，但一定要舒适、大方、符合社交礼仪和便于跳舞，着装要注意整体的协调和搭配，特别是着装的款式和风格要与排舞的风格和类型相一致，符合舞蹈主体所要诠释的主题。服装的选择并不一定强调款式和风格，女士可以穿着莱卡面料的健身裤或舞蹈裤，上衣可以穿着紧身衣或紧身一些的健身服或舞蹈衣，当然还可以在长裤外系一条美丽的短裙，在舞动旋转中享受裙摆飞扬的快感；男士的选择面更宽一些，可以穿一些弹性面料的长裤，紧身T恤。需要注意的是，排舞服装的款式不能太宽松，这样体现不出扭胯与摆髋的动作，使舞蹈过程中人体的曲线美不能很好地展现出来。排舞舞鞋的选择应尽可能的舒适和便于完成舞步，需要注意的是，不要穿着专业的舞蹈训练鞋，因为这一类型的舞鞋底部对地板的摩擦力较大，以至于跳舞时影响脚步的滑动和舞步的流畅。女士要特别注意，不要穿着高跟鞋以及类似高跟的鞋子，尤其是拉丁舞鞋，因为在跳舞时，这些鞋子不仅会影响你的舞步动作，还有可能使你的脚受伤。此外，凉鞋和沙滩鞋也不适合跳舞，在跳舞时会使你的脚在鞋内滑动，不能固定，同样也容易损伤你的脚。你可以选择穿着鞋底较软的运动鞋或街舞训练鞋，个头较低的女士还可以选择拉丁舞的教师鞋。鞋子一定要软一些，因为排舞主要是舞步动作的变换，所以鞋子一定要舒适并且要合脚。

二、排舞的礼仪

只要是场地舞蹈就要涉及舞蹈的礼仪。虽然排舞这项运动从起源来看，包含一些宫廷舞、拉丁舞的舞蹈元素，但是随着时代的发展，排舞在各方面（舞蹈风格、舞步动作、音乐以及舞蹈礼仪）都不再延用原有的一些舞蹈礼仪，而是在自身的发展过程中，逐渐形成了排舞特有的舞蹈礼仪，下面就场地排舞的舞蹈礼仪进行简要介绍。

（1）不要在场地内（室内）吸烟，没有燃尽的烟头会损坏地板，有时甚至也会损坏他人衣物。

（2）不要在场地内（室内）饮食，这样会把饮料或食物洒在地板上，影响跳舞。

（3）当舞蹈音乐开始时，不要站在场地内闲聊，这样会影响他人跳舞。

（4）舞者在跳舞时不要对场地贪求，虽然跳舞时，所有舞者都在同一时间，按同一方向跳舞，需要一定的场地空间，但并不需要太大的场地空间，因此不要对场地过于贪求而影响其他人。

（5）当音乐响起时，每一位舞者都应该跳同样的舞蹈动作，不要在场地内跳其他舞步动作。当你一个人或在其他地方时，你可以随意跳，否则，这是无条件必须接受的。

（6）如果场地内舞者较多、场地拥挤，你应该使自己的舞步走得小一些，以免踩到他人。

（7）如果在场地内跳舞时不小心碰撞到了他人，应该向他人道歉，从而保持与他人之间和谐、融洽的关系。

（8）在一些地方，尤其是美国，排舞还有双人舞，那么在同一场地内，当音乐响起时，跳双人舞的舞者应该在场地的外围，而其他舞者在场地中央同时共舞。双人舞的舞者总是面对面起舞，按顺时针方向绕场地行进。

（9）当舞曲开始，大家统一跳的时候，在场地内不要单独做其他事情。例如，在一旁教他人舞步动作，这些事情你可以在其他场地或其他时间来做。

（10）如果你参加排舞已有足够的时间和经验，跳舞时你就可以自由展现自己的风格，但是要注意舞步动作不能脱离原有的舞步动作规范，过于夸张得去表现。

（11）放松、投入地来跳排舞，让自己尽情地享受排舞为你带来的乐趣。

排舞的音乐特点

排舞最早是用吉他或拍手的方式伴奏的，音乐种类比较单一，在后来的发展过程中不断融入多种音乐元素和种类，形成现在风格多样、种类丰富的音乐形式。排舞的音乐要素包括旋律、节奏、音色、和声，在这些要素中，旋律处于主导地位。对以旋律为主的音乐要素作如何方式的处理，构成了排舞音乐的语言和体裁。音乐的语言包括音阶、调式、调性、和声复调、曲式结构、配器等音乐的表情和描写手段。优秀的排舞专家总是选择最恰当的音乐语言来表现排舞作品的内涵。

我们将排舞的舞曲音乐特点归纳如下：

（1）排舞舞曲的音乐速度类型很多，一般有慢、中、快三种速度。音乐节拍大多属4/4拍，乐句一般为8、16、32、48或64（拍），呼数为"1，2，3，4，5，6，7，8"，重拍为"1、5"拍。此外，华尔兹风格的音乐节拍为3/4拍，每小结3拍，呼数为"1，2，3，4，5，6"重拍为"1、4"拍。在排舞音乐旋律中最重的节拍称为"重拍"，听音乐时一般从重拍开始数，呼数为"1"，接着数到8（通常情况下）或数到6（华尔兹风格）称为一个8拍。在重拍之间的节拍称为"弱拍"，重拍与弱拍之间还有"间拍"，也称"半拍"，一般用符号"&"来表示。例如，较为复杂的音乐节拍有"1&2&3&4…"或"&1&2&3&4，5&67&8…"等等。

（2）排舞音乐的旋律是由长短拍和轻重拍组合成，最初都由吉他演奏出来。如果音乐中有不规律的长短拍，每小节就需要有节调（Syncopation）串联起来。在排舞中我们用"&"（和）在两拍之间连接长短拍，即两拍跳3步。大多数的编舞者会要求在音乐特定的某一拍开始跳舞，一般都是开始在音乐的重拍。排舞教练必须要数着拍子，知道从哪一拍开始跳。

（3）普通节奏的拍子数法是 8 拍为一小节，教练需在舞蹈开始前的一小节在心中默默数前四拍 1-2-3-4，然后大声数出后 4 拍，5-6-7-8，而且数拍子的速度必须完全配合音乐的节奏，通过数拍子学员才会知道何时开始舞蹈以及节奏的快慢。当舞蹈无法平均区分出小节，我们称之为不平均小节（Oddly Phased）。为了配合不平均小节的音乐，必须加上间奏、中断或 ABC 组合等舞步来配合音乐节奏。当两小节中有多余的拍子就必须加入间奏，通过增加出的舞步来连接两小节。例如，舞蹈 *Madhouse To The Max* 的音乐 *Keep Your Hands To Yourself* 在两个舞步段落之间有 16 拍的音乐，因此作者在创编时加入了间奏舞步来连接两个舞蹈段落。当某小节的拍子变简短了，这时就必须用中断来减少舞步，即不需要跳完所有小节，在中间又需要从头开始。例如，舞蹈 *The Last Samba* 的完整舞步段落是 48 拍，但当舞步段落重复到第五遍时，跳到 36 拍时结束，再从头开始。

第四章
初级排舞
(beginner line dance)

Alfie（阿尔菲）

舞蹈原谱：

Choreographed by Cato Larsen

Description:32 count, 4 wall, beginner line dance

Music: Alfie by Lily Allen

WALK BACK & HITCH, WALK FORWARD & KICK

1−2−3Step right back, step left back, step right back

4Hitch left knee (clap)

5−6−7Step left forward, step right forward, step left forward

8Kick right forward (clap)

ROLLING VINE RIGHT & LEFT

1Turn ¼ right and step right forward (3:00)

2Turn ½ right and step left back (9:00)

3Turn ¼ right and step right to side (12:00)

4Touch left toe together (clap)

5Turn ¼ left and step left forward (9:00)

6Turn ½ left and step right back (3:00)

7Turn ¼ left and step left to side (12:00)

8Touch right toe together (clap)

CROSS ROCK SIDE, CROSS ROCK SIDE, STEP, TURN ½, STOMP, STOMP

1&Cross/rock right over left, recover to left

2Step right to side

3&Cross/rock left over right, recover to right

4 Step left to side

5–6 Step right forward, turn ½ left (weight to left)

7–8 Stomp right together, stomp left together (6:00)

CROSS ROCK SIDE, CROSS ROCK SIDE, STEP, TURN ¼, STOMP, STOMP

1& Cross/rock right over left, recover to left

2 Step right to side

3& Rock left over right, recover to right

4 Step left to side

5–6 Step right forward, turn ¼ left (weight to left)

7–8 Stomp right together, stomp left together (3:00)

REPEAT

一、基本信息

作者：Cato Larsen

舞蹈类型：4 个方向，32 拍

音乐选用：*Alfie* —— Lily Allen

二、舞步动作描述

1. 第一个 8 拍重点舞步

第 1 拍：右脚后退。

第 2 拍：左脚后退。

第 3 拍：右脚后退。

第 4 拍：左膝上提，同时两手胸前击掌。

第 5 拍：左脚前进。

第 6 拍：右脚前进。

第 7 拍：左脚前进。

第 8 拍：右脚前踢，同时两手胸前击掌。

2. 第二个 8 拍重点舞步

第 9 拍：右转 90°，同时右脚前进（对准 3 点钟方向）。

第10拍：右转180°，同时左脚后退（对准9点钟方向）。

第11拍：右转90°，同时右脚侧点（对准12点钟方向）。

第12拍：左脚前脚掌在右脚旁踏点，同时两手胸前击掌。

第13拍：左转90°，同时右脚前进（对准3点钟方向）。

第14拍：左转180°，同时左脚后退（对准9点钟方向）。

第15拍：左转90°，同时右脚侧点（对准12点钟方向）。

第16拍：左脚前脚掌在右脚旁踏点，同时两手胸前击掌。

3. 第三个8拍重点舞步

第17拍：右脚交叉于左脚前点地，重心还原左脚。

第18拍：右脚还原于左脚旁。

第19拍：左脚交叉于右脚前点地，重心还原右左脚。

第20拍：左脚还原于右脚旁。

第21～22拍：右脚前进同时左转180°（重心在左脚）。

第23～24拍：右脚在左脚旁跺脚，左脚在右脚旁跺脚（对准6点方向）。

4. 第四个8拍重点舞步

第25拍：右脚交叉于左脚前点地，重心还原左脚。

第26拍：右脚还原于左脚旁。

第27拍：左脚交叉于右脚前点地，重心还原右左脚。

第28拍：左脚还原于右脚旁。

第29～30拍：右脚前进同时左转90°（重心在左脚）。

第31～32拍：右脚在左脚旁跺脚，左脚在右脚旁跺脚（对准3点方向）。

5. 舞步重复

三、舞步动作图解

1. 第一个8拍重点舞步

1	 2	 3	 4
 5	 6	 7	 8

2. 第二个8拍（第13～16拍动作同第9～12拍，方向相反）

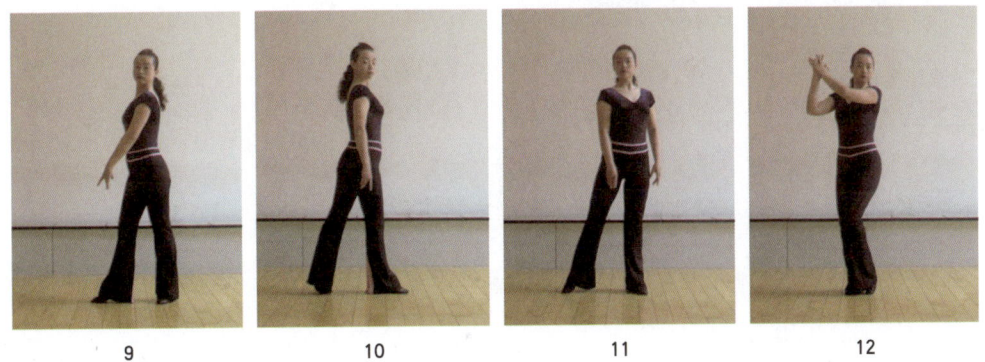

9	10	11	12

3. 第三个 8 拍（第 19 ～ 20 拍动作同第 17-18 拍，方向相反）

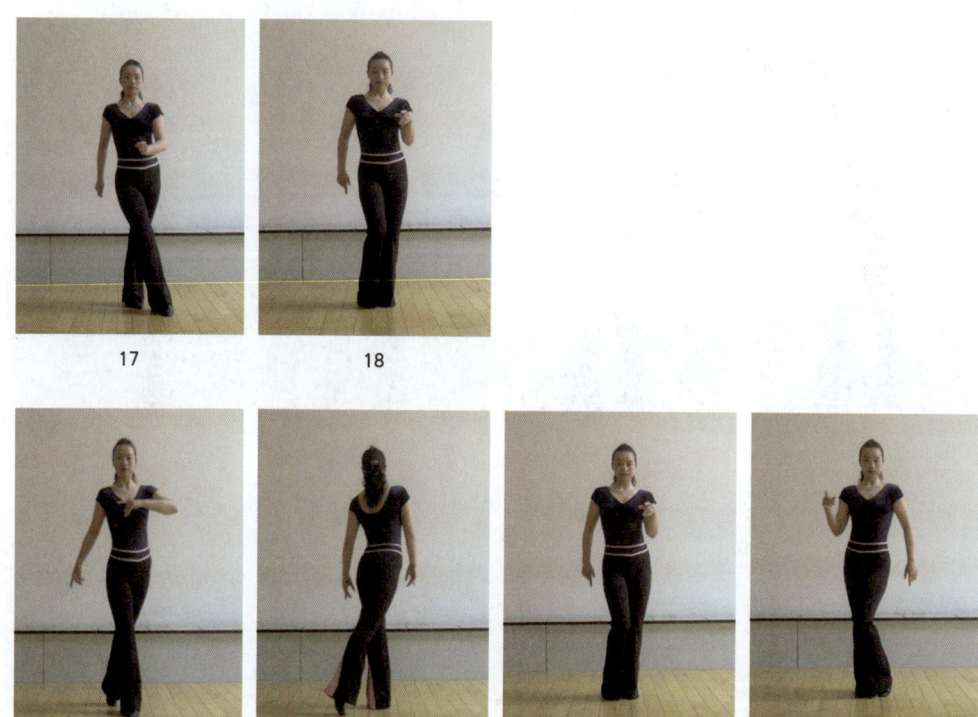

4. 第四个 8 拍（第 27 ～ 28 拍动作同第 25 ～ 26 拍，方向相反）

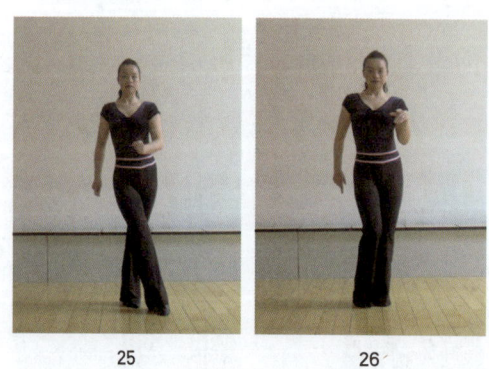

29

30

31

32

Amioh（阿梅欧）

舞谱原稿：

Choreographer: Vivienne Scott

Formation:4 wall line dance 32 count

Music by African Connection

STEP RIGHT TO RIGHT SIDE, STEP LEFT BESIDE RIGHT, TRIPLE IN PLACESTEP LEFT TO LEFT SIDE, STEP RIGHT BESIDE LEFT, TRIPLE IN PLACE

1−2 Step right to right side, step left beside right

3&4 Step right beside left, step left beside right, step right beside left(use your hips!)

5−6 Step left to left side, step right beside left

7&8 Step left beside right, step right beside left, step left beside right(use your hips)

ROCK RIGHT BACK, TRIPLE IN PLACE, ROCK LEFT BACK, TRIPLE IN

PLACE

9−10 Rock right back on a diagonal behind left bending right knee, recover on left

11&12 Step right beside left, step left beside right, step right beside left (use your hips!)

13−14 Rock left back on a diagonal behind right bending left knee, recover on right

15&16 Step left beside right, step right beside left, step left beside right (use your hips)

SIDE ROCK RIGHT & STEP FORWARD, SIDE ROCK LEFT & STEP FORWARD, ROCK FORWARD RIGHT, 1/4 TURN SHUFFLE

17&18 Rock right to right side, recover on left, step right forward

19&20 Rock left to left side, recover on right, step left forward

21−22 Rock forward on right, recover on left

23&24 Step right to right side turning 1/4 right, close left beside right, step right to right side

WEAVE TO RIGHT WITH 1/4 TURN, ROCK FORWARD 1/4 TURN, COASTER STEP

25−26 Cross left over right, step right to right side

27−28 Step left behind right, step right to right side turning 1/4 right

29−30 On ball of right foot turn 1/4 right rocking left forward, recover on right

31&32 Step left back, step right beside left, step left forward

一、基本信息

作者：Vivienne Scott

舞蹈类型：4个方向，32拍

音乐选用：*Ami Oh* —— African Connection

二、舞步动作描述

1. 第一个8拍重点舞步

第1~2拍：右脚出脚侧点，左脚并于右脚旁。

第3~4拍：右脚、左脚、右脚原地踏（配合髋部动作）。

第5～6拍：动作同第1～2拍，方向相反。

第7～8拍：动作同第3～4拍，方向相反。

2. 第二个 8 拍重点舞步

第9～10拍：右脚在左脚后交叉点地（左腿屈膝），重心还原左脚。

第11～12拍：右脚、左脚、右脚原地踏（配合髋部动作）。

第13～14拍：动作同第9～10拍，方向相反。

第15～16拍：动作同第11～12拍，方向相反。

3. 第三个 8 拍重点舞步

第17～18拍：右脚向右侧点地重心跟上，重心还原左脚，右脚上前。

第19～20拍：动作同第17～18拍，方向相反。

第21～22拍：右脚上前重心跟上，重心还原左脚。

第23～24拍：右转90°同时右脚开始向右侧做旁恰恰。

4. 第四个 8 拍重点舞步

第25～26拍：左脚交叉于右脚前，右脚侧点。

第27～28拍：左脚交叉于右脚后，右脚侧点同时右转90°。

第29～30拍：右转90°（重心在右脚）左脚上前，重心还原右脚。

第31～32拍：左脚后点，右脚并于左脚，左脚上前。

5. 舞步重复

三、舞步动作图解

1. 第一个 8 拍（第 5～6 拍动作同第 1～2 拍，方向相反；第 7～8 拍动作同第 3～4 拍，方向相反）

1

2

3

&

4

2. 第二个 8 拍（第 13～14 拍动作同第 9～10 拍，方向相反；第 15～16 拍动作同第 11～12 拍，方向相反）

9、10　　　　　11　　　　　&　　　　　12

3. 第三个 8 拍

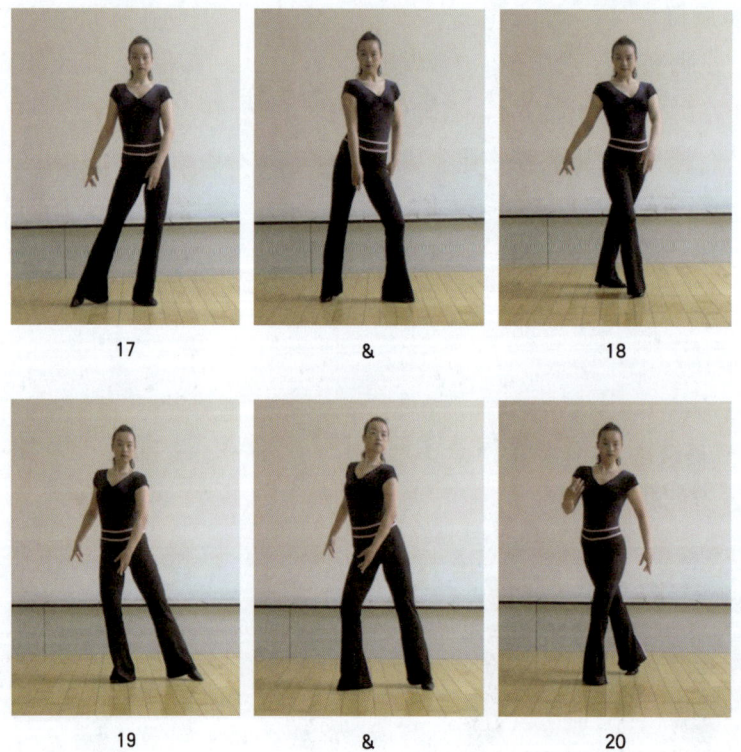

17　　　　　&　　　　　18

19　　　　　&　　　　　20

第四章 初级排舞 (beginner line dance)

21 22 23 & 24

4. 第四个 8 拍

25  26  27  28

29   & 30

31   & 32

Dance Zone（舞蹈地带）

舞蹈原谱：

Choreographer: Vivienne Scott

Formation:4wall line dance 32 count

Music: Getaway by Collin Amey

Sweet Nothings by The Deans

WALK FORWARD X3, TOUCH SIDE LEFT, WALK BACK X3, TOUCH SIDE RIGHT

1—2Walk forward, right, left

3—4Walk forward right, touch left toe to left side

5—6Step back left, right

7—8Step back left, touch right toe to right side Option:5—6Step back left turning ½ turn left, step forward right turning ½ turn left

STOMP FORWARD, HOLD, SHUFFLE FORWARD, STOMP FORWARD, HOLD, SHUFFLE FORWARD

9—10Stomp right forward making ¼ turn right to 3:00 wall, hold (attitude move)

11&12Turn ¼ turn left to12:00 wall, shuffle forward, left, right, left

13—14Stomp right forward making ¼ turn right to 3:00 wall, hold (attitude move)

15&16Turn ¼ turn left to 12:00 wall, shuffle forward, left, right, left

¼ PIVOT LEFT TWICE, SHUFFLE FORWARD, ROCK FORWARD

17—18Step forward on right, pivot turn ¼ left (option: roll your hips on the turn)

19—20Step forward on right, pivot turn ¼ left (option: roll your hips on the turn)

21&22Shuffle forward right, right, left, right

23−24 Rock forward on left, recover on right

SHUFFLE BACK, ROCK BACK, CROSS ¼ TURN RIGHT, STEP BACK, SWAYS

25&26 Shuffle back, left, right, left

27−28 Rock back on right, recover on left

29−30 Cross right over left making ¼ turn right, step left back

31−32 Step right to right side swaying hips right, sway hips left (weight on left)

Alternative 23−24 Step forward on left, pivot ½ turn right,

25&26 Shuffle ½ turn right, left, right, left

Alternative for counts 23−26

23−24 Step forward on left, pivot ½ turn right,

25&26 Shuffle ½ turn right, left, right, left

REPEAT

一、基本信息

作者：Vivienne Scott

舞蹈类型：4个方向，32拍

音乐选用：*Getaway* —— Collin Amey，*Sweet Nothings* —— The Deans

二、舞步动作描述

1. 第一个8拍重点舞步

第1~2拍：右脚、左脚前进走步；

第3~4拍：右脚前进走步，左脚脚尖侧点。

第5~6拍：动作同第1~2拍，方向相反。

第7~8拍：动作同第3~4拍，方向相反。

可选择：第5~6拍后退时完成转体360°的变化。

2. 第二个8拍重点舞步

第9~10拍：右转90°同时右脚上前跺脚（正对3点钟方向），身体姿态保持住停顿1拍。

第 11 ~ 12 拍：左转 90° 同时左脚上前锁步（左、右、左正对 12 点钟方向）。

第 13 ~ 14 拍：动作同第 9 ~ 10 拍，方向相反。

第 15 ~ 16 拍：动作同第 11 ~ 12 拍，方向相反。

3. 第三个 8 拍重点舞步

第 17 ~ 18 拍：右脚上前，左转 90° 同时配合髋步绕环动作。

第 19 ~ 20 拍：动作同第 17 ~ 18 拍，左转 90°。

第 21 ~ 22 拍：右脚上前锁步（右、左、右）。

第 23 ~ 24 拍：左脚上前，重心还原右脚。

4. 第四个 8 拍重点舞步

第 25 ~ 26 拍：动作同第 21 ~ 22 拍，方向相反。

第 27 ~ 28 拍：动作同第 23 ~ 24 拍，方向相反。

第 29 ~ 30 拍：右脚交叉于左脚前同时右转 90°，左脚后退。

第 31 ~ 32 拍：左脚侧点同时髋部向右摇摆，髋部向左摇摆重心还原左脚。

可选择：在第 31 ~ 32 拍时完成转体 360° 的变化。

第 23 ~ 26 拍可变化：在第 23 ~ 24 拍时左脚上步，右转 180°；在第 25 ~ 26 拍时右转 180°，完成后退锁步（左、右、左）。

5. 舞步重复

三、舞步动作图解

1. 第一个 8 拍

1　　　　　2　　　　　3　　　　　4

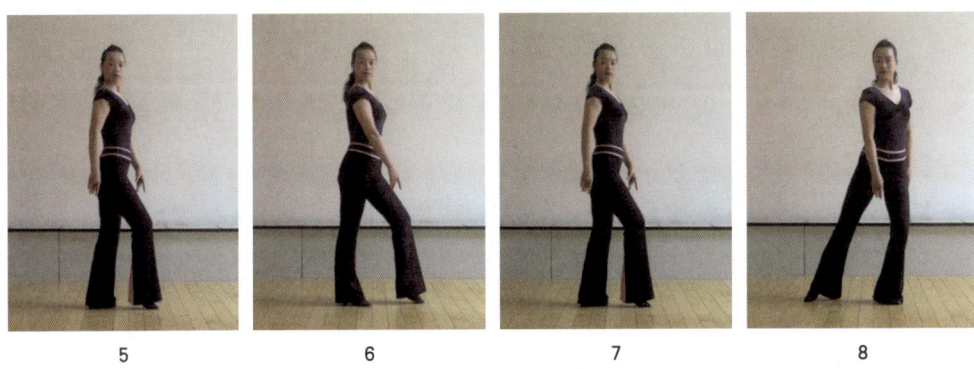

5　　　　　　　　6　　　　　　　　7　　　　　　　　8

2. 第二个8拍（第13～14拍动作同第9～10拍，方向相反；第15～16拍动作同第11～12拍，方向相反）

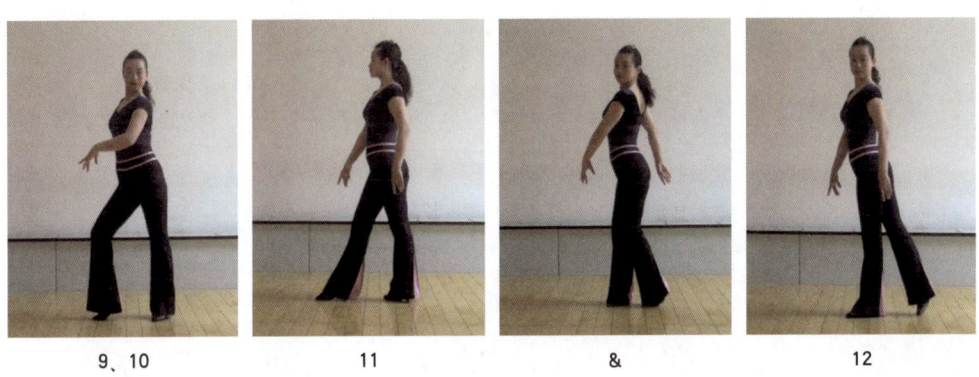

9、10　　　　　　11　　　　　　&　　　　　　12

3. 第三个8拍

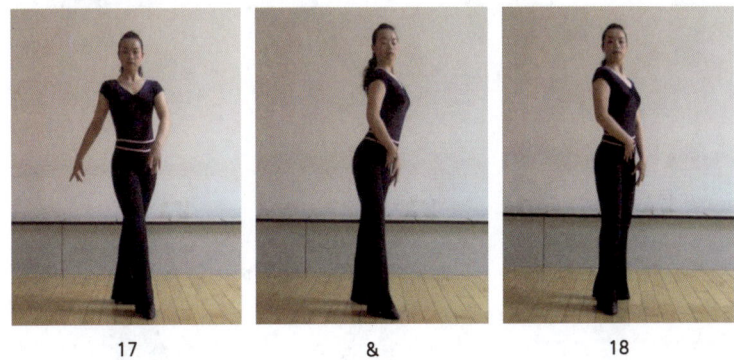

17　　　　　　&　　　　　　18

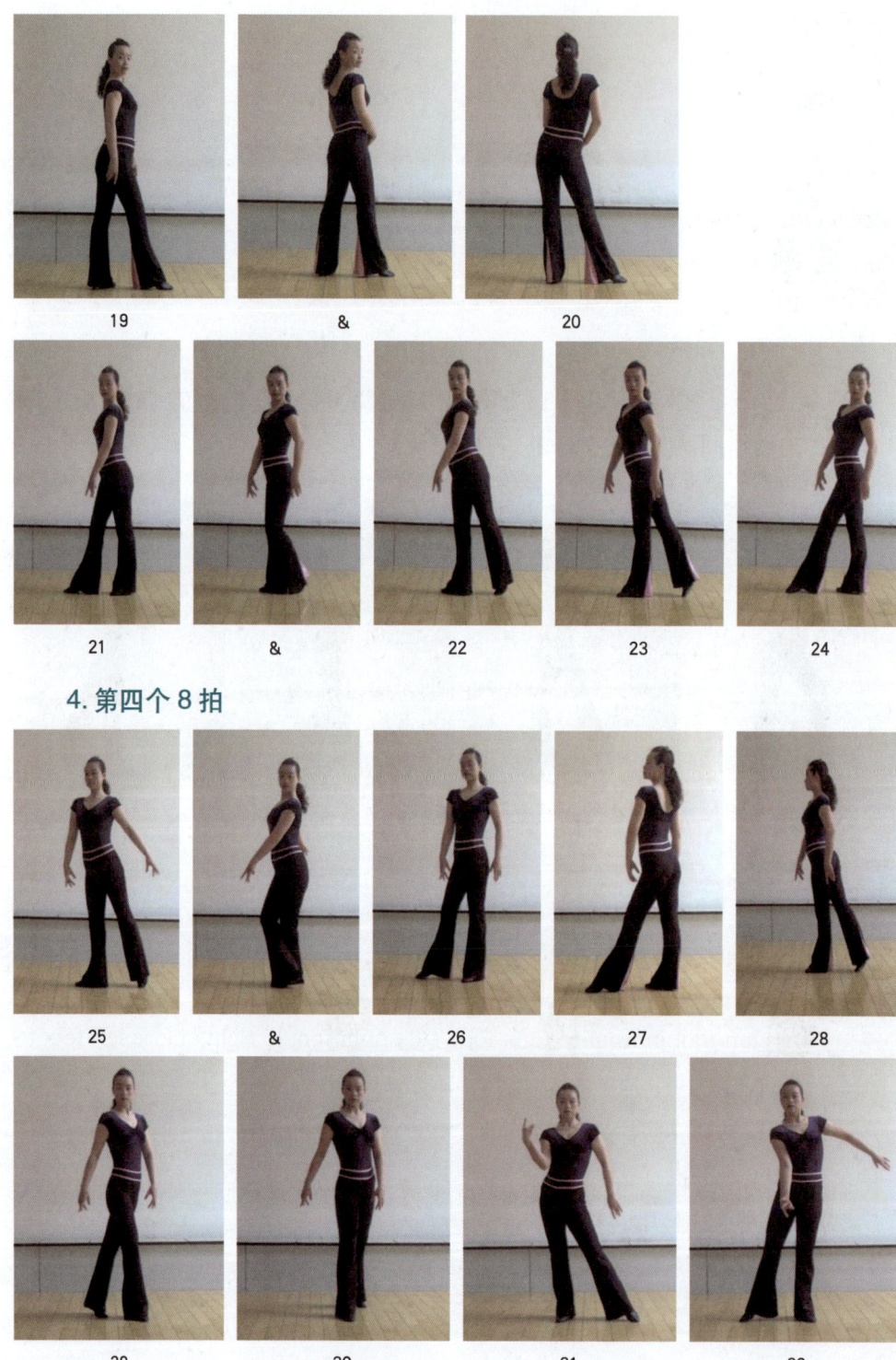

4. 第四个8拍

Bicycle Waltz（车轮下的华尔兹）

舞蹈原谱：

Choreographer: Peter Heath

Formation: 2 wall line dance 48 count

Music: Les Bicyclettes De Belsize by Engelbert

TOUCH, KICK, ROCK STEP, VINE, TOUCH

1–3 Step left foot forward commencing ½ left turn step right foot back completing ½ left turn

4–6 Step right foot back commencing ½ left turn, step left foot forward completing ½ left turn, close right foot to left foot

1–3 Cross left foot behind right foot, step right foot to right, close left foot to right foot

4–6 Cross right foot behind left foot, step left foot to left, close right foot to left foot to slightly face right diagonal

CROSS, SIDE TRIPLE, FRONT TWINKLE, TWICE

1–2&3 Cross left foot in front of right foot, step right foot to right / close left foot to right foot, step right foot to right

4–6 Cross left foot in front of right foot, step right foot to right, close left foot to right foot

1–2&3 Cross right foot in front of left foot, step left foot to left / close right foot to left foot, step left foot to left

4–6 Cross right foot in front of left foot, step left foot to left, close right foot to left foot

FRONT VINE 3, SIDE, DRAW 2, PAS DE BASQUE, TWICE

1−3 Cross left foot in front of right foot, step right foot to right, cross left foot behind right foot

4−6 Step right foot to right, draw left foot to right foot over 2 beats

1−3 Step left foot to left, rock right foot behind left foot, recover left foot

4−6 Step right foot to right, rock left foot behind right foot, recover right foot

TURN ¼ LEFT & FORWARD WALTZ, BACK WALTZ, TWICE

1−3 Turning ¼ left step left foot forward, close right foot to left foot, close left foot to right foot

4−6 Step right foot back, close left foot to right foot, close right foot to left foot

1−3 Turning ¼ left step left foot forward, close right foot to left foot, close left foot to right foot

4−6 Step right foot back, close left foot to right foot, close right foot to left foot

REPEAT

一、基本信息

作者：Peter Heath

舞蹈类型：2 个方向，48 拍

音乐选用：*Les Bicyclettes De Belsize* —— Engelbert

二、舞步动作描述

1. 第一小节重点舞步

第 1 ~ 3 拍：左脚向前华尔兹基本步同时向做转体 180°，右脚后退继续转体 180°，左脚并右脚。

第 4 ~ 6 拍：右脚后退的华尔兹基本步同时转体 180°，左脚上步继续转体 180°，右脚并于左脚。

Bicycle Waltz（节拍）

Bicycle Waltz（音乐）

第 1 ~ 3 拍：华尔兹交叉基本步，左脚交叉于右脚后，右脚并于左脚，左脚在右脚旁踏点。

第 4 ~ 6 拍：动作同 1 ~ 3 拍，方向相反。

2. 第二小节重点舞步

第 1～2&3 拍：左脚交叉于右脚前，右脚向右侧迈步，左脚并于右脚，右脚继续向右迈步。

第 4～6 拍：左脚交叉于右脚前，右脚向右侧迈步，左脚并于右脚。

第 1～2&3 拍：动作同上第 1～2&3 拍，方向相反。

第 4～6 拍：动作同上第 4～6 拍，方向相反。

3. 第三小节重点舞步

第 1～3 拍：左脚交叉于右脚前，右脚向右侧迈步，左脚交叉于右脚后。

第 4～6 拍：右脚向右侧撤步，左脚拖步保持 2 拍。

第 1～3 拍：左脚向左迈步，右脚交叉于左脚后，重心回到左脚。

第 4～6 拍：动作同第 1～3 拍，方向相反。

4. 第四小节重点舞步

第 1～3 拍：左转 90°同时左脚上前，右脚并于左脚，重心换于左脚。（向前基本步）。

第 4～6 拍：右脚向后迈步，左脚并于右脚，重心换于左脚。（向后基本步）。

第 1～3 拍：左转 90°，动作同上。

第 4～6 拍：重复上述动作。

5. 舞步重复

第五章

中级排舞
(intermediate line dance)

Dancing Violins（小提琴之舞）

舞蹈原谱：

Choreographer：Maggie Gallagher

Formation：2wall Phrased line dance

Music：Duelling Violins by Ronan Hardiman

Sequence：A，A，B，B，A，A，A

PART A

RIGHT SHUFFLE, ROCK, COASTER STEP, ½ TURN

1&2Shuffle forward right—left—right

3—4Rock forward on left, rock back on right

5&6Step back on left, step back on right, step forward on left

7—8Step on right, half pivot turn to left

RIGHT SHUFFLE, ROCK, COASTER STEP, ½ TURN STOMPS, HEELS

17—18Stomp right forward, stomp left behind

19&20Heels out, in, out

21—22Heels in, out

23&24Heels in, out, in

RUNNING STEP BALLS, ROCK, ½ TURN SHUFFLE

25&26Step forward on right, step ball of left behind right, step forward right

&27&Step on ball of left behind right, step forward right, step on ball of left behind right

28Step forward right

29—30Rock forward left, rock back right

31&32½ Turn left and shuffle forward left

RUNNING STEP BALLS, ROCK, ½ TURN SHUFFLE ROCK FORWARD BACK ½ TURN, REPEAT, ROCKS

41—42 Rock forward right, rock back left

43—44 Rock back on right, rock forward on left

45—46 Rock forward right, rock back left

47—48 ½ Turn right, walk right, walk left

PART B

STEP, SCUFFS

1—2 Step forward right, scuff left forward

3—4 Step forward left, scuff right forward

5—6 Step forward right, step forward left

7—8 Step forward right, scuff left

STEP, SCUFFS

9—10 Step forward left, scuff right forward

11—12 Step forward right, scuff left forward

13—14 Step forward left, step forward right

15—16 Step forward left, scuff right

SIDE SHUFFLE RIGHT, CROSS ROCK, SIDE SHUFFLE LEFT, CROSS ROCK

17&18 Side right shuffle

19—20 Cross rock left, over right, rock back onto right

21&22 Side left shuffle

23—24 Cross rock right over left, rock back on left

SIDE TOGETHER SIDE RIGHT, STOMP, SIDE TOGETHER SIDE LEFT, STOMP

25—26 Step side right, bring left in place

27—28 Step side right and stomp left

29—30 Step side left, bring right in place

31—32 Step side left and stomp right

BIG STEP RIGHT, STOMP, BIG STEP LEFT STOMP

33 Big step side right

34-35 Slide left to right

36 Stomp left beside right

37 Big step side left

38-39 Slide right to left

40 Stomp right beside left

HEELS, PAUSE

41-42 Right heel forward, pause

&43 Step on right and left heel forward

44 Pause

&45 Replace weight on left and heel right

&46 Replace weight on right and heel left

&47 Replace weight on left and heel right

48 Pause

HEELS, PAUSE

49-50 Left heel forward, pause

&51 Step on left and right heel forward

52 Pause

&53 Replace weight on right and heel left

&54 Replace weight on left and heel right

&55 Replace weight on right and heel left

WALKS, ½ TURN, SCUFF

57-64 Seven walks turning ½ turn left (left leads on walks), Scuff right forward

一、基本信息

作者：Maggie Gallagher

舞蹈类型：4个方向

音乐选用：*Duelling Violins* —— Ronan Hardiman

舞步顺序：A，A，B，B，A，A，A

二、舞步动作描述

PART A

1. 第一个 8 拍重点舞步

第 1 拍：右脚向前锁步（右、左、右）。

第 3～4 拍：左脚前踏重心跟上，重心向后回到右脚。

第 5～6 拍：左脚后点，右脚并左脚，左脚前踏。

第 7～8 拍：右脚前踏，左转 180°。

2. 第二个 8 拍重点舞步

第 9～16 拍：动作同第一个 8 拍。

3. 第三个 8 拍重点舞步

第 17～18 拍：右脚在前跺脚，左脚在后跺脚。

第 19～20 拍：脚跟稍抬起依次向外、内、外摆动。

第 21～22 拍：脚跟稍抬起依次向内、外摆动。

第 23～24 拍：脚跟稍抬起依次向内、外、内摆动。

4. 第四个 8 拍重点舞步

第 25～28 拍：右脚向前，左脚在右脚后锁住，右脚向前，左脚在右脚后锁住，右脚向前，左脚在右脚后锁住，右脚前踏。

第 29～30 拍：左脚前踏重心跟上，重心向后回到右脚。

第 31～32 拍：左转 180°同时左脚向前锁步（左、右、左）。

5. 第五个 8 拍重点舞步

第 33～40 拍：动作同第四个 8 拍动作。

6. 第六个 8 拍重点舞步

第 41～42 拍：右脚前踏重心跟上，重心后移还原左脚。

第 43～44 拍：右脚后退重心跟上，重心向前还原左脚。

第 45～46 拍：动作同第 41～42。

第 47～48 拍：右转 180°同时右脚、左脚依次前进。

PART B

1. 第一个 8 拍重点舞步

第 1～2 拍：右脚向前，左脚拖步向前。

第 3 ~ 4 拍：动作同第 1 ~ 2 拍，方向相反。

第 5 ~ 6 拍：动作同第 1 ~ 2 拍，方向相反。

第 7 ~ 8 拍：右脚向前，左脚拖步并于右脚。

2. 第二个 8 拍重点舞步

第 9 ~ 16 拍：动作同第一个 8 拍，方向相反。

3. 第三个 8 拍重点舞步

第 17 ~ 18 拍：右脚向右侧的恰恰。

第 19 ~ 20 拍：左脚交叉于右脚前重心跟上，重心后移还原右脚。

第 21 ~ 22 拍：动作同第 17 ~ 18 拍，方向相反。

第 23 ~ 24 拍：动作同第 19 ~ 20 拍，方向相反。

4. 第四个 8 拍重点舞步

第 25 ~ 26 拍：右脚侧点，左脚在右脚旁踏点。

第 27 ~ 28 拍：右脚侧点，左脚在右脚旁跺脚。

第 29 ~ 30 拍：动作同第 25 ~ 26 拍，方向相反。

第 31 ~ 32 拍：动作同第 27 ~ 28 拍，方向相反。

5. 第五个 8 拍重点舞步

第 33 ~ 35 拍：右脚向右侧跨一大步同时左脚保持拖步。

第 36 拍：左脚在右脚旁跺脚。

第 37 ~ 40 拍：动作同第 33 ~ 36 拍，方向相反。

6. 第六个 8 拍重点舞步

第 41 ~ 42 拍：右脚跟前点，停顿一拍。

第 43 拍：右脚踏同时换左脚跟前点。

第 44 拍：停顿一拍。

第 45 拍：换左脚重心右脚跟前点。

第 46 拍：动作同第 45 拍，方向相反；

第 47 拍：动作同第 45 拍。

第 48 拍：停顿一拍。

7. 第七个 8 拍重点舞步

第 48 ~ 56 拍：动作同第六个 8 拍，方向相反。

8. 第八个 8 拍重点舞步

第 57 ~ 64 拍：左转 180°同时左脚引导走步，右脚在地板上转动拖步。

第五章　中级排舞（intermediate line dance）

三、舞步动作图解

A 段落

1. 第一个 8 拍（第二个 8 拍同第一个 8 拍）

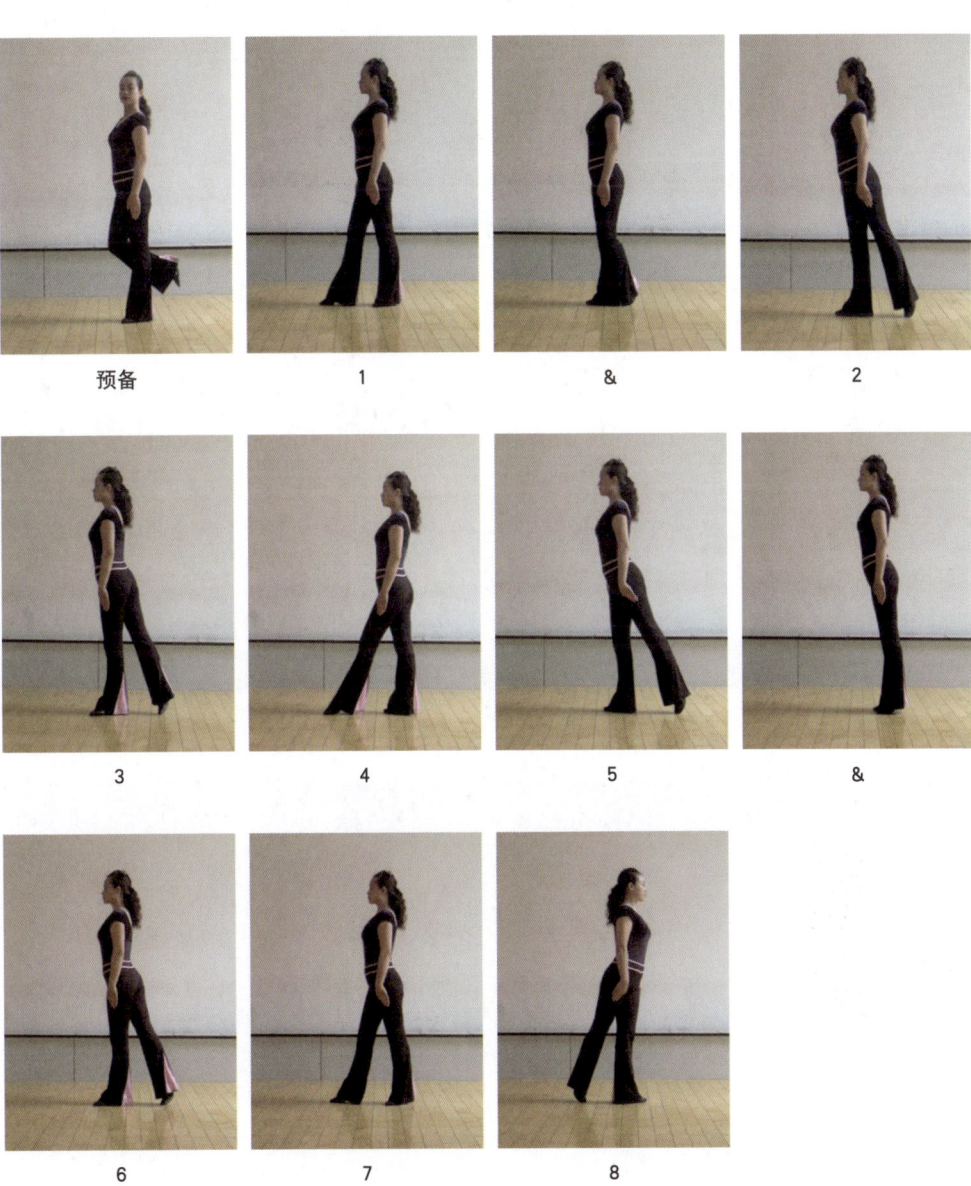

2. 第二个8拍（动作同第一个8拍，方向相反）
3. 第三个8拍

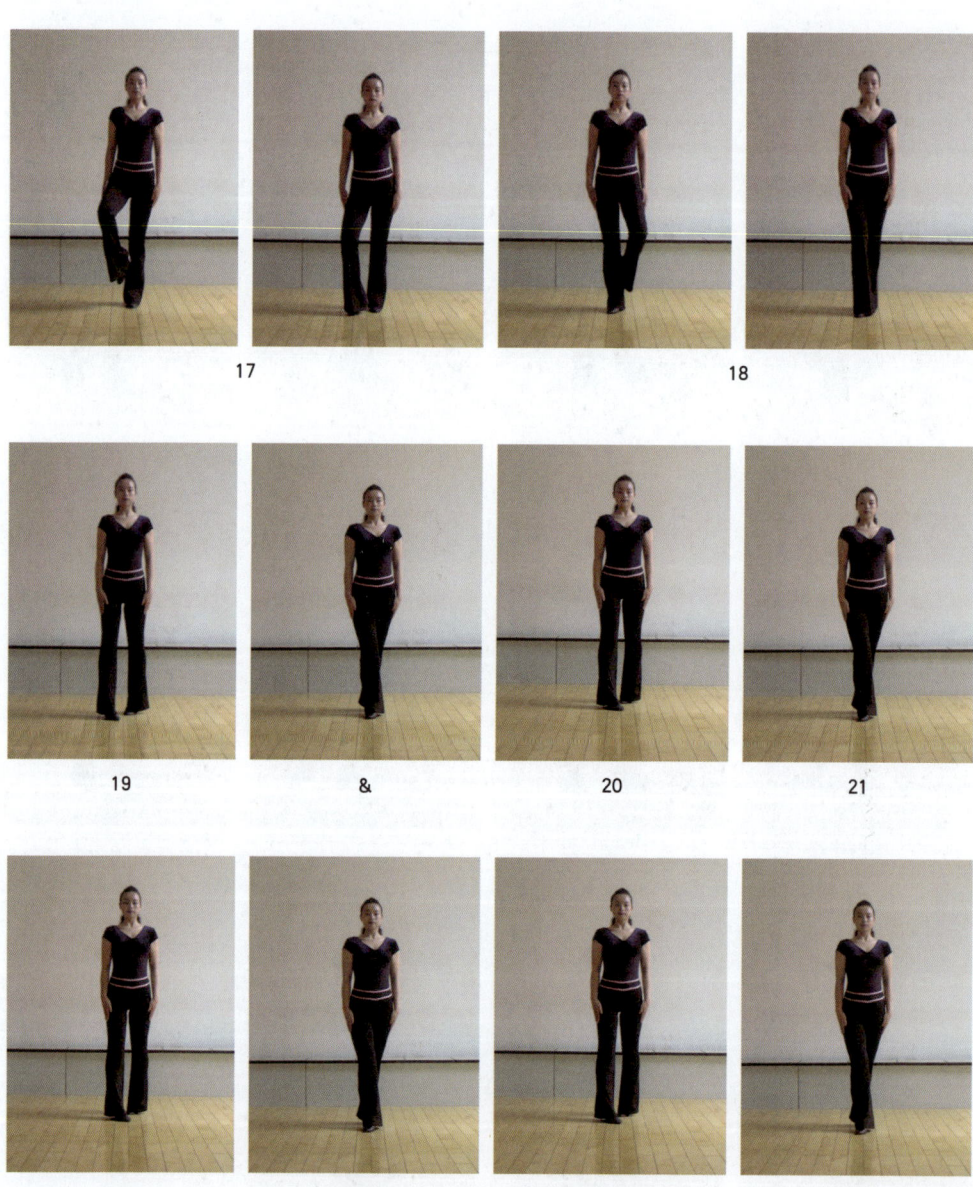

第五章 中级排舞（intermediate line dance）

4. 第四个 8 拍（第 26、& 拍和第 27、& 拍动作同第 25、& 拍）

预备 　　25  　　&　　28

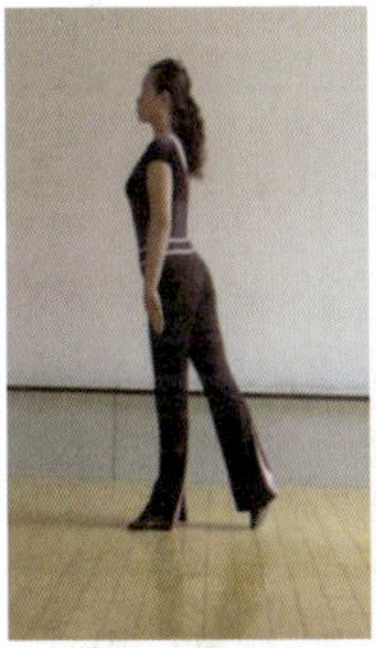

29 　　30 　　31  　　&　　32

5. 第五个 8 拍（动作同第四个 8 拍）

6. 第六个 8 拍

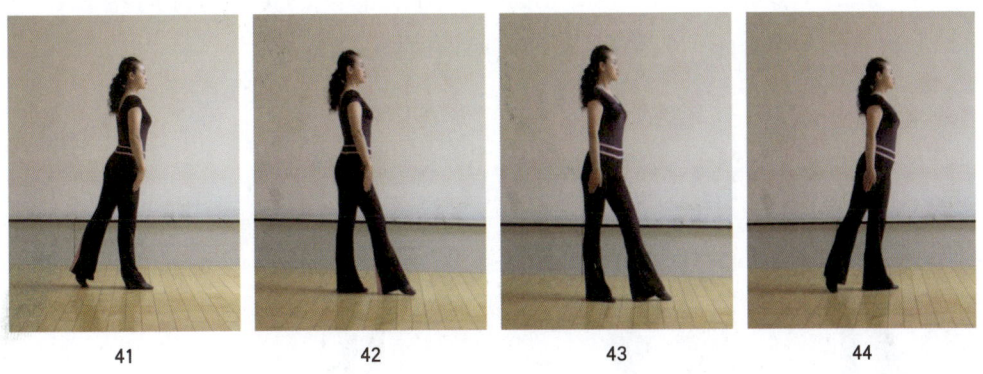

41　　42　　43　　44

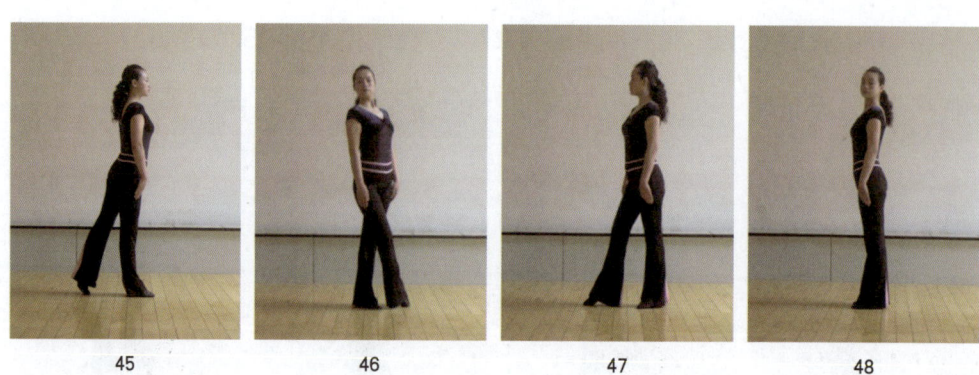

45　　　　　46　　　　　47　　　　　48

B 段落

1. 第一个 8 拍（第 5～8 拍动作同第 1～4 拍，方向相反）

1　　　　　2　　　　　3　　　　　4

2. 第二个 8 拍（动作同第一个 8 拍，方向相反）

3. 第三个 8 拍（第 21～22 拍动作同第 17～18 拍，方向相反；第 23～24 拍：动作同第 19～20 拍，方向相反）

17　　　　　&　　　　　18

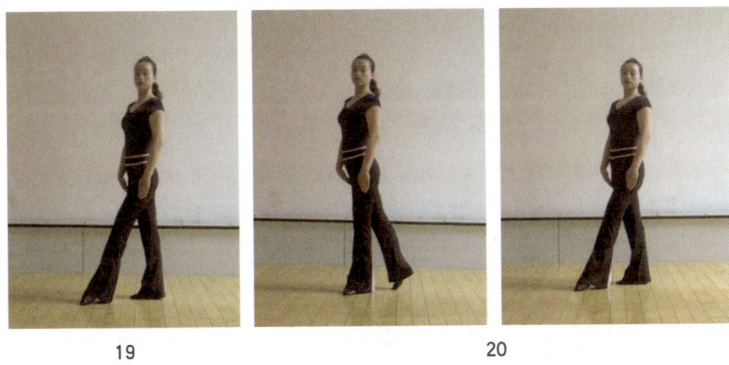

19　　　　　　　　　　20

4. 第四个8拍（第29～30拍动作同第25～26拍，方向相反；第31～32拍动作同第27～28拍，方向相反）

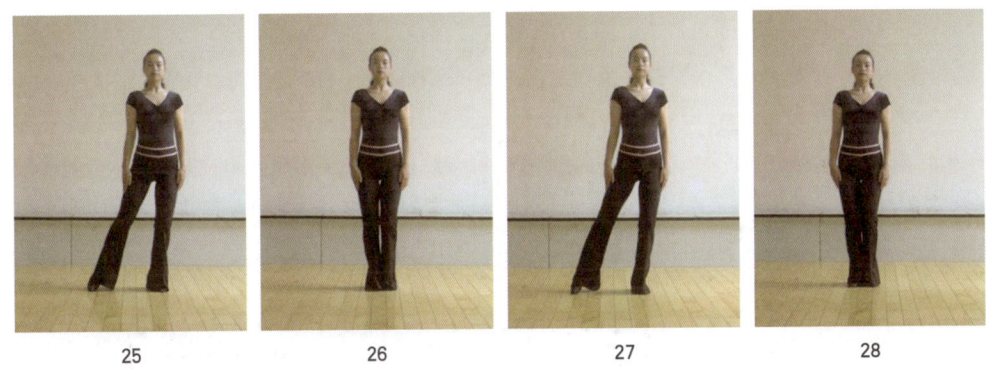

25　　　　　　26　　　　　　27　　　　　　28

5. 第五个8拍（第37～40拍动作同第33～36拍，方向相反）

33　　　　　　34　　　　　　35　　　　　　36

6. 第六个 8 拍（第七个 8 拍同第六个 8 拍，方向相反）

41～42

43～44

45、47

46、48

7. 第七个 8 拍（动作同第六个 8 拍，方向相反）
8. 第八个 8 拍

57

58

59

60

61

62

63

64

La Cumbia（啦昆比亚）

舞蹈原谱：

Choreographer：Raymond Sarlemijn

Formation：4wall line dance 32 count

Music：La Cumbia by Sailor

MAMBO RIGHT, MAMBO LEFT, CROSS AND POINT, CROSS AND POINT

1 RF to right.

& Weight change to LF.

2 RF next to LF.

3 LF to left.

& Weight change to RF.

4 LF next to RF.

5 Cross RF over LF.

& LF step out to Left.

6 Point RF forward.

& RF next to LF.

7 Cross LF over RF.

& RF step out to Right.

8 Point LF forward.

BUCHACADA'S, 4/4 TURN RIGHT CROSS SHUFFLE

& LF next to RF

1 RF Point forward with bended leg (almost like pressure step but keep weight on LF).

& RF step backwards.

2 Point LF front (like count 1).

& LF step backwards.

3 Point RF forward (like count 1 and 2).

& RF step backwards.

4 Point LF forward.

& Change weight to LF.

5 RF cross over LF and turn ¼ over right.

& LF next to RF.

6 RF cross over LF and turn ¼ over right.

& LF next to RF.

7 RF cross over LF and turn ¼ over right.

& LF next to RF.

8 RF cross over LF and turn ¼ over right.

TURN ¾ RIGHT, MAMBO STEP, MAMBO STEP, SAMBA BASIC

1 Turn ½ over left step on place on LF.

& RF next to LF.

2 Turn ¼ over left and LF step forward.

3 RF step forward.

& Recover on LF.

4 RF next to LF.

5 LF step backwards.

& Recover on RF.

6 LF next to RF.

7 RF step to right.

& LF crossed backwards RF (5 position extended)

8 RF step on place.

SAMBA BASIC, STEP TOGETHER, STEP TOGETHER, KICK ROCK STEP. (OPTION COUNT 3 UNTIL 6, SHAKE YOUR HIPS OR UPPER BODY OR MAKE MERINGUE STEPS)

1 LF step to left.

& RF crossed backwards LF (5 position extended).

2 LF step on place.

3 RF step to right.

4 LF next to RF.

5 RF step to right.

6 LF next to RF.

7 Kick RF forward.

& RF step backwards, while doing this look backwards.

8 Recover weight on LF.

REPEAT

一、基本信息

作者：Raymond Sarle

舞蹈类型：4个方向，32拍

音乐选用：*La Cumbia* —— Sailor

舞步顺序：A，A，B，B，A，A，A

二、舞步动作描述

1. 第一个8拍重点舞步

第1拍：右脚向右出脚，重心换到左脚。

第2拍：右脚并于左脚。

第3～4拍：动作同第1～2拍，方向相反。

第5拍：右脚交叉于左脚前，左脚向左侧打开。

第6拍：右脚前点，右脚并于左脚。

第7拍：左脚交叉于右脚前，右脚向右侧打开。

第8拍：左脚前点。

La Cumbia（节拍）　　La Cumbia（音乐）

2. 第二个8拍重点舞步

预备：左脚并于右脚旁。

第9拍：右脚前点同时稍屈膝（重心在左脚），右脚后退。

第 10 拍：动作同第 9 拍，方向相反。

第 11 拍：动作同第 9 拍。

第 12 拍：动作同第 10 拍。

第 13 拍：右脚交叉于左脚同时右转 90°，左脚并于右脚（换重心）。

第 14 拍：动作同 13，左脚并于右脚（换重心）。

第 15 拍：动作同第 13 拍。

第 16 拍：动作同 13。

3. 第三个 8 拍重点舞步

第 17 拍：左转 180°，左脚垫步重心换于左脚，右脚并于左脚。

第 18 拍：左转 90° 同时左脚向前。

第 19 拍：右脚向前迈步，重心回到左脚。

第 20 拍：右脚并于左脚。

第 21 拍：左脚向后出脚，重心回到右脚。

第 22 拍：左脚并于右脚。

第 23 拍：右脚向右出脚，左脚交叉于右脚后（向 5 点方向延伸）。

第 24 拍：右脚原地踩踏。

4. 第四个 8 拍重点舞步

第 25 拍：左脚向左侧迈步，右脚交叉于左脚后（向 5 点方向延伸）。

第 26 拍：左脚原地踩踏。

第 27 拍：右脚向右侧迈步。

第 28 拍：左脚并于右脚。

第 29 拍：动作同第 27 拍。

第 30 拍：动作同第 28 拍。

第 31 拍：右腿向前弹踢，右脚向后点地（同时头部转向后）。

第 32 拍：重心回到左脚。

5. 舞步重复

Baby Come On（加油宝贝）

舞蹈原谱：

Choreographer: Rachael McEnaney

Formation: 4 wall line dance 48 count（4个方向48拍）

Music: Chris Anderson & DJ Robbie

STOMP RIGHT, turn ¼ left WITH LEFT KICK BALL CHANGE, STEP FORWARD LEFT, ROCK FORWARD RIGHT, ¼ RIGHT SIDE SHUFFLE

1、2&3 Stomp right forward, turn ¼ left kicking left forward, step in place with ball of left, step in place with right (9:00)

4—5—6 Step left forward, rock right forward, recover to left

7&8 Turn ¼ right and step right side, step left together, step right side (12:00)   12

BALL SIDE ROCK, RIGHT CROSSING SHUFFLE, 2 X ¼ TURNS RIGHT STEPPING LEFT RIGHT, LEFT CROSS & HEEL JACK

&1—2 Step left together, rock right side, recover to left

3&4 Crossing chassé right—left—right

5—6 Turn ¼ right and step left back, turn ¼ right and step right side (6:00)

7&8 Cross left over right, step right side, touch left heel diagonally forward

HEEL SWITCH RIGHT & LEFT, RIGHT CROSS & HEEL JACK, HEEL SWITCH LEFT & RIGHT, LEFT SHUFFLE FORWARD

&1&2 Step in place with left, touch right heel forward, step in place with right, touch left heel forward

&3&4 Step in place (& slightly back) with left, cross right over left, step left side, touch right heel diagonally forward

&5&6 Step in place with right, touch left heel forward, step in place with left, touch right heel forward

&7&8 Step in place with right, step left forward, step right together, step left forward

HIP BUMPS FORWARD RIGHT, HIP BUMPS FORWARD LEFT, STEP RIGHT, ½ PIVOT LEFT, WALK RIGHT LEFT

1&2 Touch right forward bumping hips forward, hip back, hip forward taking weight to right

3&4 Touch left forward bumping hips forward, hip back, hip forward taking weight to left

5—6 Step right forward, turn ½ left (weight ends on left) (12:00)

7—8 Step right forward, step left forward

1—2 Rock right forward, recover to left

3&4 Turn ¼ right and step right side, step left together, turn ¼ right and step right side (6:00)

5—6 Rock left forward, recover to right

7&8 Turn ½ left and step left forward, step right together, turn ¼ left and step left forward (9:00)

STEP DIAGONALLY FORWARD RIGHT AND LEFT, STEP BACK IN PLACE RIGHT AND LEFT, SYNCOPATED OUT-OUT IN-IN OUT-OUT IN-IN

1—2 Step diagonally right forward, (option to put right hand on right hip), step left side, (option to put left hand on left hip)

3—4 Step right back, (option to put right hand on butt), step left together

Option: put left hand on butt

&5&6 Step right side, step left side, step right in towards left, step left together

&7&8 Step right side, step left side, step right in towards left, step left together

REPEAT

一、基本信息

作者：Rachael McEnaney

舞蹈类型：4个方向，48拍

音乐选用：*Chris Anderson & DJ Robbie*

二、舞步动作描述

1. 第一个 8 拍重点舞步

第 1 ~ 3 拍：右脚向前踩踏，左转 90°左腿前踢，左脚后退同时右脚交换上前（正对 9 点钟方向）。

第 4 ~ 6 拍：左脚向前，右脚向前摇摆步，重心回到左脚。

Baby Come On　Baby Come On
（节拍）　　　（音乐）

第 7 ~ 8 拍：右转 90°同时右脚向右侧出脚，左脚并于右脚，右脚向右侧出脚（正对 12 点钟方向）。

2. 第二个 8 拍重点舞步

预备：左脚并于右脚。

第 9 ~ 10 拍：右脚向侧出脚做摇摆步，重心回到左脚。

第 11 ~ 12 拍：右脚交叉于左脚做恰恰步。

第 13 ~ 14 拍：右转 90°同时左脚后退，再右转 90°右脚向侧出脚（对准 6 点钟方向）。

第 15 ~ 16 拍：左脚交叉于右脚，右脚向侧出脚，左脚跟向左前 45°方向出脚点地。

3. 第三个 8 拍重点舞步

第 17 ~ 18 拍：重心移到左脚，右脚跟前点，重心移到右脚，左脚跟前点。

第 19 ~ 20 拍：左脚向后滑步，右脚交叉于左脚，左脚向左侧迈步，右脚跟右前方 45°点地。

第 21 ~ 22 拍：重心移到右脚，左脚跟前点，重心移到左脚，右脚跟前点。

第 23 ~ 24 拍：重心移到右脚，左脚向前，右脚并于左脚，左脚向前。

4. 第四个 8 拍重点舞步

第 25 ~ 26 拍：右脚向前点地同时右髋向前顶髋，髋部还原，髋部再向前顶髋。

第 27 ~ 28 拍：动作同上，方向相反。

第 29 ~ 30 拍：右脚向前，左转 90°，重心在左脚上。

第 31 ~ 32 拍：右脚上前迈步，左脚向前迈步。

5. 第五个8拍重点舞步

第33～34拍：右脚向前摇摆步，重心回到左脚。

第35～36拍：右转90°同时右脚侧点，左脚并于右脚，右转90°同时右脚侧点（对准6点钟方向）。

第37～38拍：动作同第33～34拍，方向相反。

第39～40拍：动作同第35～36拍，方向相反（对准9点钟方向）。

6. 第六个8拍重点舞步

第41～42拍：右脚向右前45°方向出脚（右手放于右髋），左脚向左前45°方向出脚（左手放于左髋）。

第43～44拍：右脚后退（右手放于臀部），左脚并于右脚。

第45～46拍：右脚侧点，左脚侧点，右脚重心回中位，左脚重心回中位。

第47～48拍：动作同上。

7. 舞步重复

Irish Spirit（爱尔兰之魂）

舞蹈原谱：
Choreographer: Maggie Gallagher
Formation: 2 wall line dance 32 count
Music: Celtic Rock by David King
STEP, SCUFF-HITCH-CROSS, RIGHT COASTER-CROSS, HITCH, RIGHT CROSS STOMP, RECOVER, TOGETHER, LEFT CROSS STOMP, RECOVER, TOGETHER, RIGHT CROSS STOMP

1&2 Step forward on right, scuff forward on left (12:00)

2& Hitch left knee forward, cross left over right

3&4 Step right back, step left next to right, cross right over left

&5 Low hitch right, stomp cross right over left

&6 Recover onto left, step right next to left

&7 Cross stomp left over right, recover onto right

&8 Step left next to right, cross stomp right over left

LEFT SIDE ROCK, RECOVER, VINE RIGHT, RIGHT SIDE ROCK, RECOVER, VINE LEFT

1−2 Rock out to left side, recover onto right

3&4 Cross left behind right, step right to right side, cross left over right

5−6 Rock out to right side, recover onto left

7&8 Cross right behind left, step left to left side, cross right over left

SIDE LEFT, BACK RIGHT, RECOVER, STEP, ½ PIVOT LEFT, FULL TURN RIGHT, TOUCH RIGHT FORWARD

&1−2 Step left to left side, rock right back, recover onto left

3−4−5 Step forward on right, make ½ pivot turn left, walk forward on right (6:00)

6&7 Make ½ turn right stepping left back, make ½ turn right stepping forward on right, step forward on left (6:00)

8 Touch right toe forward

HOLD, TOGETHER, TOUCH LEFT FORWARD, TOGETHER, CROSS BEHIND, UNWIND ¾ RIGHT, SIDE ROCK, VINE RIGHT

1 Hold

&2 Step right next to left, touch left toe forward

&3 Step left next to right, touch right toe behind left

4−5 Unwind ¾ turn right (3:00)

6 Rock out to left side

7&8 Cross left behind right, step right to right side, cross left over right

TAG

After wall 4 − facing the front wall

1&2 Cross stomp right over left, recover onto left, step right next to left

&3&4 Cross stomp left over right, recover onto right, step left next to right, cross stomp right over left

&5&6 Low hitch right, stomp cross right over left, recover onto left, step right next to left

&7&8 Cross stomp left over right, recover onto right, step left next to right, cross stomp right over left

1－2－3－4 Recover onto left and start walking round in a circle to make a full turn － right, left, right, left

5－6－7－8 Continue walking round to end up facing the front wall again － right, left, right, left

REPEAT

一、基本信息

作者：Maggie Gallagher

舞蹈类型：2 个方向，32 拍

音乐选用：*Celtic Rock* —— David King

二、舞步动作描述

1. 第一个 8 拍重点舞步

第 1～2 拍：右脚上前踩踏，左脚拖步上前（对准 12 点钟方向），左膝弯曲，左脚交叉于右脚。

第 3～4 拍：右脚后退，左脚并于右脚旁，右脚交叉于左脚。

Irish Spirit（节拍）　Irish Spirit（音乐）

第 5 拍：膝盖弯曲同时出右脚，右脚踩踏同时交叉于左脚。

第 6 拍：重心回到左脚，右脚并于左脚旁。

第 7 拍：动作同上。

第 8 拍：动作同上。

2. 第二个 8 拍重点舞步

第 9～10 拍：左脚向侧摇摆步，重心回到右脚。

第 11 ~ 12 拍：左脚交叉于右脚后，右脚向右迈步，左脚交叉于右脚。

第 13 ~ 14 拍：动作同第 9 ~ 10 拍，方向相反。

第 15 ~ 16 拍：动作同第 11 ~ 12 拍，方向相反。

3. 第三个 8 拍重点舞步

第 17 ~ 18 拍：左脚向左侧出脚，右脚向后摇摆步，重心回到左脚。

第 19 ~ 21 拍：右脚向前出脚，定点左转 180°，右脚向前出脚（对准 6 点钟方向）。

第 22 ~ 23 拍：右转 180° 同时左脚后退，右转 180° 同时右脚上前，左脚上前（对准 6 点钟方向）。

第 24 拍：右脚出脚前脚尖点地。

4. 第四个 8 拍重点舞步

第 25 拍：停顿。

第 26 拍：右脚并于左脚，左脚脚尖前点。

第 27 拍：左脚并于右脚，右脚交叉于左脚后脚尖点地。

第 28 ~ 29 拍：向右转体 270°。

第 30 拍：左脚向左侧出脚摇摆步。

第 31 ~ 32 拍：左脚交叉于右脚后，右脚向右侧出脚，左脚交叉于右脚前。

5. 音乐间奏重点舞步

在完成 4 个方向的动作后应面对 1 点钟方向。

第 33 ~ 34 拍：右脚踩脚步同时交叉于左脚前，重心回到左脚，右脚并于左脚。

第 35 ~ 36 拍：动作同上，方向相反。

第 37 ~ 38 拍：右膝屈，右脚踩踏同时交叉于左脚前，重心回到左脚，右脚并于左脚。

第 39 ~ 40 拍：动作同上，方向相反。

第 41 ~ 44 拍：重心回到左脚，向前走步同时绕一个圆圈，右脚、左脚、右脚、左脚交替。

第 45 ~ 48 拍：继续走步，结束是两脚并立面向前方，右脚、左脚、右脚、左脚交替。

6. 舞步重复

第六章
高级排舞
(advanced line dance)

Bomshel Stomp(来吧,大家跳起来)

舞蹈原谱:
Choreographer: Jamie Marshall & Karen Hedges
Formation: 2 wall line dance 48 count
Music: Bomshel Stomp by Bomshel

HEEL PUMPS, ¼ TURN SAILOR, ROCK, RECOVER, COASTER STEP

1&2 Extend R heel diagonally forward, Hitch R, Extend R heel diagonally forward

3&4 Cross R behind L, turn ¼ L, stepping forward on L, Step R next to L

5,6 Rock L forward, Recover onto R

7&8 Step L back, Step R next to L, Step L forward (9:00)

"WIZARD" STEPS (Step R diagonally forward R, Lock L behind R, Step R to R, Repeat to L)

1, 2& Step R diagonally forward R, Lock L behind R, Step R to R

3, 4& Step L diagonally forward L, Lock R behind L, Step L to L

5, 6& Step R diagonally forward R, Lock L behind R, Step R to R

7, 8 Step L forward, Touch R next to L ((9:00)

STEP R BACK, SCOOT W/ L HITCH, REPEAT W/ L, COASTER STEP, SQUAT, ¼ TURN TO R, PELVIS THRUST WHILE PALM TURNED OUTWARD PRESSES DOWN

1& Step back on R, Scoot R slightly back while hitching L

2& Step back on L, Scoot L slightly back while hitching R

3&4 Step R back, Step L next to R, Step R forward

5,6 Wide squat step L to L, as look to R, turn ¼ R as stand up and step R next to L

7 With R palm turned outward, press down and thrust pelvis forward
& With R palm turned outward, raise toward chest and thrust pelvis back
8 With R palm turned outward, press down and thrust pelvis forward

"BOMSHEL STOMP": STOMP R, HOLD, STOMP L, HOLD, CCW ROLL, STEP, STEP, STEP

1, 2 Stomp R to R, Hold
3, 4 Stomp L to L, Hold
5,6 Roll hips counter-clockwise, ending with weight on L as touch R next to L
7&8 Small steps forward, R, L (&), R (12:00)

STEP L, PIVOT ½ R, KEEPING WEIGHT ON L, HIP BUMPS, STEP R FORWARD, ½ TURN R, ½ TURN R

1, 2 Step L forward, Pivot ½ R, keeping weight on L (42) (6:00)
&3, &4 Bump hips to R, Bump hips to L, Bump hips to R, Bump hips to L
5,6 Step R forward, Pivot ½ R, stepping back on L
7, 8 Pivot ½ R, stepping forward on R, Step L next to R (6:00)

一、基本信息

作者：Jamie Marshall，Karen Hedges
舞蹈类型：2 个方向，48 拍
音乐选用：*Bomshel Stomp* —— Bomshel

二、舞步动作描述

1. 第一个 8 拍重点舞步

第 1～2 拍：右脚跟斜前方点地，重心回到左脚，右脚跟再点地。

第 3～4 拍：右脚交叉于左脚后，左转 90°，左脚上前，右脚并于左脚。

Bomshel Stomp
（节拍）

Bomshel Stomp
（音乐）

第 5～6 拍：左脚向前摇摆步，重心回到右脚。

第 7～8 拍：左脚后退，右脚并于左脚，左脚向前（对准 9 点钟方向）。

2. 第二个 8 拍重点舞步

第 9 ~ 10 拍：右脚斜前方点地，左脚交叉于右脚后，重心回到右脚。

第 11 ~ 12 拍：动作同上，方向相反。

第 13 ~ 14 拍：动作同上，方向相反。

第 15 ~ 16 拍：左脚向前，右脚并于左脚。

3. 第三个 8 拍重点舞步

第 17 拍：右脚后退，右脚向后滑步同时吸左腿。

第 18 拍：动作同上，方向相反。

第 19 ~ 20 拍：右脚后退，左脚并于右脚，右脚上前。

第 21 ~ 22 拍：左脚向左侧迈步成下蹲马步，同时向右转头，右转 90°同时右脚并于左脚两腿伸直并立。

第 23 拍：右手掌掌心向前推，同时含胸向后，髋与臀向前顶出，以上动作还原。

第 24 拍：动作同第 23 拍。

4. 第四个 8 拍重点舞步

第 25 ~ 32 拍：动作同第二个 8 拍。

5. 第五个 8 拍重点舞步

第 33 ~ 34 拍：右脚向右踩踏，保持不动。

第 35 ~ 36 拍：动作同上，方向相反。

第 37 ~ 38 拍：髋部逆时针方向转动，同时右脚并于左脚，重心在两脚之间。

第 39 ~ 40 拍：右脚向前一小步，左脚跟上右脚，右脚再上前。

6. 第六个 8 拍重点舞步

第 1 ~ 2 拍：左脚上前，右转 180°，保持重心在左脚上。

第 3 ~ 4 拍：右髋前顶，重心回左髋，再顶右髋，重心回左髋。

第 5 ~ 6 拍：右脚向前，右转 180°，左脚后退。

第 7 ~ 8 拍：右转 180°，右脚再上前，左脚并于右脚。

Rah-rah Ooh La La（嘎嘎女王）

舞蹈原谱：

Choreographer: John Kinser & Mark Furnell

Formation: Phrased, 2 wall

Music: Bad Romance by Lady GaGa

Sequence: 32-count intro, 80, 80, 80, 80, Tag (1-24), 64, 80, Ending

STEP RIGHT FORWARD, LEFT-RIGHT-LEFT, POINT FORWARD, SIDE, CROSS, UNWIND

1-4 Step right forward, step left forward, step right forward, step left forward (brush shoulders with both hands)

5-6 Touch right forward, touch right to side

7-8 Cross right over left, unwind ¾ left (weight to left) (3:00)

ROCK & ROCK, BEHIND ¼ TURN FORWARD, WALK RIGHT, LEFT

1-2 Rock right to side, recover to left

&3-4 Step right together, rock left to side, recover to right

5&6 Cross left behind right, turn ¼ right and step right forward, step left forward (6:00)

7-8 Step right forward, step left forward

RIGHT SAILOR, LEFT SAILOR, TOUCH FORWARD, BACK, RIGHT KICK BALL CHANGE

1&2 Cross right behind left, step left to side, step right to side

3&4 Cross left behind right, step right to side, step left to side

5-6 Cross/touch right over left (5:00), touch right diagonally back (11:00)

7&8 Cross/kick right over left (5:00), step right together, step left together (5:00)

CROSS, BACK, TURN, TURN, WIZARD STEPS FORWARD

1−2 Cross right over left (5:00), turn 1/8 right and step left back (6:00)

3−4 Turn ¼ right and step right forward (9:00), turn ¼ right and step left forward (12:00)

5&6 Lock right behind left, step left to side, step right forward

7&8 Lock left behind right, step right to side, step left forward

STEP, TURN, STEP, TOUCH, STEP, TOUCH, KICK BALL STEP

1−2 Step right forward, turn ½ left (weight to left) (6:00)

3−6 Step right to side, touch left together (5:00), step left to side, touch right together (7:00)

7&8 Kick right diagonally forward, step right together, step left forward (7:00)

CHARLESTON STEPS, TOUCH, TOUCH, BOUNCE UNWIND

1−4 Step right forward, touch left forward, step left back, touch right back

5−6 Touch right forward, touch right back

7−8 Unwind 7/8 right (bounce heels twice, ending with weight to left) (6:00)

TEP RIGHT FORWARD, LEFT, STEP, TURN, TOUCH STEP, TOUCH STEP

1−4 Step right forward, step left forward, step right forward, turn ½ left (weight to left) (12:00)

5−8 Touch right forward and push hips forward, step right forward, touch left forward and push hips forward, step left forward

STEP ½ TURN, ¼ BEHIND, ¼, STEP, ½, FULL TURN

1−2 Step right forward, turn ½ left (weight to left) (6:00)

3−4 Turn ¼ left and step right to side (3:00), cross left behind right

5−6 Turn ¼ right and step right forward (6:00), step left forward

7−8 Turn ½ right (weight to right) (12:00), turn ½ right and step left to side (6:00)

Restart happens here after the 4th repetition and just after the Fashion Walk Tag

FLICK HEEL RIGHT & LEFT & RIGHT & RIGHT &, FLICK HEEL LEFT & RIGHT & LEFT & LEFT &

1& Swivel right heel to right, center (weight to right)

2& Swivel left heel to left, center (weight to left)

3& Swivel right heel to right, center

4&Swivel right heel to right, center (weight to right)

5&Swivel left heel to left, center (weight to left)

6&Swivel right heel to right, center (weight to right)

7&Swivel left heel to left, center

8&Swivel left heel to left, center (weight to left)

MASH POTATO, COASTER STEP, WALK LEFT, RIGHT LOCK STEP FORWARD

1&2Cross right behind left, swivel left heel to left, cross left behind right

3&4Step right back, step left together, step right forward

5-6Step left forward, step right forward

7&8Step left forward, lock right behind left, step left forward (6:00)

REPEAT

TAG

FASHION WALK X3 (1-24)

STEP RIGHT FORWARD, LEFT-RIGHT-LEFT, ¼ C BUMPS ¼

1-4Step right forward, step left forward, step right forward, step left forward

5Turn ¼ left and touch right to side and push right hip up (9:00, look toward 12:00)

&6&7&8Bump hip down, up, down (weight to right)

&Turn ¼ left and step left forward (6:00)

9-24Repeat 1-8 again another 2 times

一、基本信息

作者：John Kinser, Mark Furnell

舞蹈类型：2个方向，段落型舞蹈

音乐选用：*Bad Romance* —— Lady GaGa

二、舞步动作描述

1. 第一个8拍重点舞步

第1~4拍：右脚开始，向前走4步（同时两手分掌，在肩上做刷的动作）。

第 5～6 拍：右脚前点，右脚向斜后点。

第 7～8 拍：右脚交叉于左脚前，左转 270°（重心回到左脚，对准 3 点钟方向）。

Rah-rah Ooh La La（节拍）

Rah-rah Ooh La La（音乐）

2. 第二个 8 拍重点舞步

第 9～10 拍：右脚向侧摇摆步，重心回到左脚。

第 11～12 拍：右脚并于左脚，左脚向侧摇摆步，重心回到右脚。

第 13～14 拍：左脚交叉于右脚后，右转 90° 同时右脚上前，左脚上前（对准 6 点钟方向）。

第 15～16 拍：右脚上前，左脚上前。

3. 第三个 8 拍重点舞步

第 17～18 拍：右脚交叉与左脚后，左脚向侧，右脚向侧。

第 19～20 拍：动作同上，方向相反。

第 21～22 拍：右脚交叉于左脚前（对准 5 点钟方向），右脚向斜后方点地（对准 11 点钟方向）。

第 23～24 拍：右脚交叉于左脚前（对准 5 点钟方向），右脚并于左脚，重心回到左脚。

4. 第四个 8 拍重点舞步

第 25～26 拍：右脚交叉与左脚前（5 点钟方向），右转 45° 同时左脚后退（6 点钟方向）。

第 27～28 拍：右转 90°，右脚向前（9 点钟方向），右转 90°，左脚向前（12 点钟方向）。

第 29～30 拍：右脚交叉于左脚前锁步，左脚向侧，右脚向前；

第 31～32 拍：动作同上，方向相反。

5. 第五个 8 拍重点舞步

第 33～34 拍：右脚向前，左转 180°，重心回到左脚（6 点钟方向）。

第 35～38 拍：右脚向侧，左脚并于右脚（5 点钟方向），左脚向侧，右脚并于左脚（7 点钟方向）。

第 39～40 拍：右脚向右前弹踢，右脚并于左脚，左脚向前（7 点钟方向）。

6. 第六个 8 拍重点舞步

第 41～44 拍：右脚向前，左脚向前，左脚后退，右脚后退。

第 45～46 拍：右脚前点，右脚后点。

第 47~48 拍：右脚交叉于左脚前的右转 270°（同时脚跟弹动 2 次，结束时重心在左脚）（6 点钟方向）。

7. 第七个 8 拍重点舞步

第 49~52 拍：右脚前进，左脚前进，右脚前进，左转 180°（重心在左脚）（12 点钟方向）。

第 53~56 拍：右脚向前同时臀部前顶，右脚再向前，左脚向前同时臀部前顶，左脚再向前。

8. 第八个 8 拍重点舞步

第 57~58 拍：右脚向前，左转 180°（重心在左脚）（6 点钟方向）。

第 59~60 拍：左转 90°，右脚向侧（3 点钟方向），左脚交叉于右脚后。

第 61~62 拍：右转 90°，右脚向前（6 点钟方向），左脚向前。

第 63~64 拍：右转 180°（重心在右脚）（12 点钟方向），右转 180°，左脚向侧（6 点钟方向）。

间奏：重复 4 次这一段落后穿插一段间奏。

9. 第九个 8 拍重点舞步

第 65 拍：右脚跟外摆，脚跟还原。

第 66 拍：左脚跟外摆，脚跟还原。

第 67~72 拍：重复第 65~66 拍动作 3 次。

10. 第十个 8 拍重点舞步

第 73~74 拍：右脚交叉于左脚后，左脚跟外摆，左脚交叉于右脚后；

第 75~76 拍：右脚后退，左脚并于右脚，右脚向前；

第 77~78 拍：左脚向前，右脚向前；

第 79~80 拍：左脚向前，右脚交叉于左脚后，左脚向前（6 点钟方向）。

11. 重复舞步

12. 间奏